Meine Reise durchs Land der Riesen

Zu Fuß von Oslo nach Trondheim

Meine Reise durchs Land der Riesen

ZU FUSS VON OSLO NACH TRONDHEIM

Sara Tormöhlen

Die Deutsche Nationalbibliothek verzeichnet diese Publikation in der Deutschen Nationalbibliografie; detaillierte bibliografische Daten sind im Internet über dnb.dnb.de abrufbar.

1. Auflage 2024

Covergestaltung: © Sara Tormöhlen
(KI-gestützt unter Verwendung von Microsoft Bing)
Grafik »Alice« © Melina Lebel Illustration www.melinalebel.de
Karte »Der Olavsweg« © Sara Tormöhlen unter Verwendung von
www.openstreetmap.com
Autorinnenfoto (letzte Seite): © Sara Tormöhlen

Lektorat und Korrektorat: Nora Hanusch und Franka Zachert
Satz: Sara Tormöhlen

Verlag: BoD · Books on Demand GmbH, In de Tarpen 42, 22848
Norderstedt

Druck und Bindung: Libri Plureos GmbH, Friedensallee 273, 22763
Hamburg

ISBN: 978-3-7597-5999-3

Für meine Weggefährtinnen und Weggefährten,
vergangene wie zukünftige.

Und für meine Mama,
ohne die ich nie losgezogen wäre.

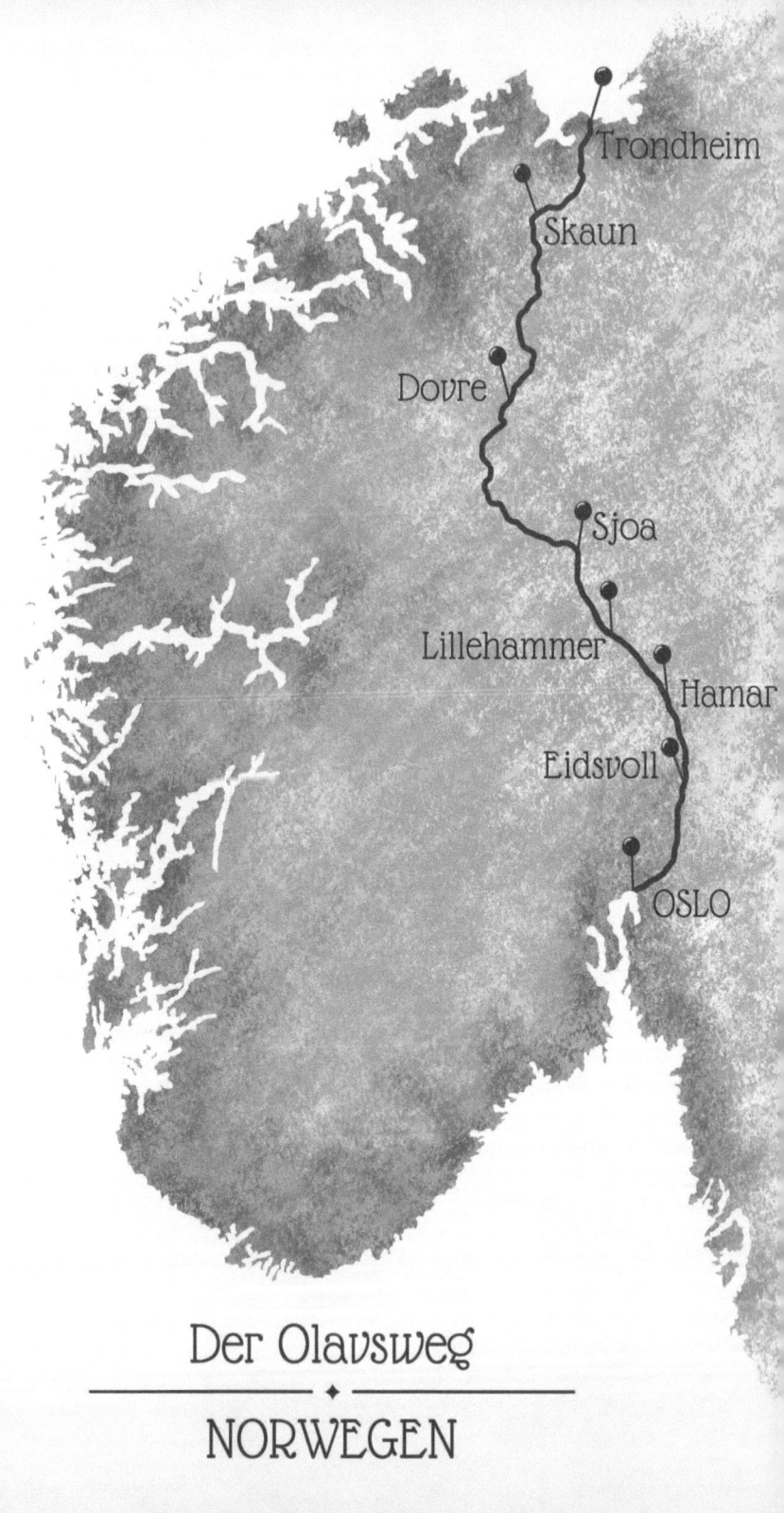

Der Olavsweg

◆

NORWEGEN

Inhaltsverzeichnis

»Das Unmögliche zu schaffen, gelingt einem nur,
wenn man es für möglich befindet.«

Lewis Carroll, Alice im Wunderland

Prolog

Langsam ziehe ich das Pflaster ab, das sich mit der
Wundflüssigkeit, Blut, Schweiß und Dreck zu einem etwas
ekligen, kaugummiartigen Klumpen vermischt hat, und mir
entweicht ein kurzes Zischen. Ich verziehe mein Gesicht vor
Schmerzen und betrachte angewidert die Blase, die sich auf
meinem großen Zeh gebildet hat. Kurzentschlossen tauche ich
meinen Fuß in das eiskalte Wasser. Die Kälte ist wohltuend und
überdeckt den Schmerz. Kurz vergesse ich die Strapazen der
vergangenen Tage. Meinen Rucksack habe ich auf eine
betonierte Plattform, keine Armlänge von mir entfernt,
abgestellt. Bedrohlich nah am Rande dieses Sees liegt er mehr,
als dass er steht, fast so, als wolle auch er sich ausruhen. Ich
atme tief ein und lasse meinen Blick über das Wasser gleiten.
Von meinem Platz aus kann ich beobachten, wie keine fünfzig
Meter von mir entfernt ein Windsurfer scheinbar mühelos

gerade Linien übers Wasser zieht. Dann erst fällt mir auf, dass der See voller Wassersportler ist. Sie rudern, schwimmen, segeln und paddeln im Stehen oder Liegen in und auf dem See. Trotz des geschäftigen Treibens geht von ihnen eine Gelassenheit und Unbekümmertheit aus, die mich schlagartig neidisch macht. Ich spüre, wie noch etwas anderes als die Hitze dieses Sommertages in meinem Körper aufsteigt. Da ist es, das Gefühl, das sich bereits seit Tagen immer wieder in diese von mir selbst gewählte Gestaltung meines Sommerurlaubs mischt, eine Mischung aus Wut und Frust. Nun sitze ich hier, habe gerade einmal 150 von den insgesamt 643 Kilometern hinter mich gebracht, von denen ich fast die Hälfte auf einem Schiff saß und tue mir selbst unendlich leid. So sollen meine Ferien also aussehen? Und warum genau habe ich mir diese Wanderung noch gleich vorgenommen?

*

Drei Stunden zuvor. Ich sitze auf dem *Skibladner.* Ein alter Raddampfer aus dem 19. Jahrhundert schippert mit mir über den Mjøsa-See, den größten Binnensee Norwegens. Lange habe ich mit mir gerungen, ob ich die Etappe heute ausfallen lasse oder nicht. Nun starre ich vom Schiff aus auf den Weg, den ich gegangen wäre und bin froh, dass der dröhnende Schiffslärm meine Gedanken übertönt. Die Sonne strahlt mit der guten Laune der meisten Passagiere um die Wette und ich ziehe meine

Schirmmütze tiefer in die Stirn, um mein missmutiges Gesicht zu verbergen. Meinen Rucksack und meine Wanderschuhe möchte ich am liebsten verstecken, um den üblichen Fragen nach meinen Reiseplänen auszuweichen. Auf dem Schiff befinden sich viele Einheimische. Sie stehen und sitzen in Gruppen, Paaren und Familien zusammen und unterhalten sich auf Norwegisch. Ich sitze allein auf einer Bank mitten auf dem Schiffsdeck und habe die Beine auf den Rucksack gelegt. Später werde ich genau dort, wo meine Shorts enden und meine Socken beginnen, einen reizenden, knallroten Sonnenbrand bekommen, der mich bis zum Ende des Sommers begleiten wird. Eine ältere Dame, die mir gegenübersitzt, schmiert fleißig ihre Arme mit Sonnencreme ein. Eine Unternehmung, an der ich mir ein Beispiel hätte nehmen sollen. Sie wirkt geschäftig und nimmt wenig Notiz von den Menschen und der sich allmählich wechselnden Landschaft um sie herum.

Links von mir sitzt ein Vater, der seiner Tochter aus einem Buch vorliest. Es ist *Alice im Wunderland* von Lewis Carroll. Ich muss lächeln. Nachdem sie es beiseitegelegt haben, bleibt mein Blick noch eine Weile auf dem Buchdeckel haften. Es ist eine schöne Ausgabe mit einem blauen Einband und einem stilisierten Baum, auf dem eine Katze sitzt. Vor dem Baum schaut die charakteristische Darstellung einer blonden Alice in weißem Kleid und Schleife im Haar zur Katze hinauf. Der junge

Vater hat gerade seiner Tochter erlaubt näher an die Schiffsrehling heranzutreten und fängt meinen Blick auf.

»Tolles Buch, oder?«, fragt er auf Englisch. Ich nicke und beteuere, dass es eines meiner Lieblingsbücher ist.

»Ist heute auch dein Nichtgeburtstag?«, fragt er mich aufmunternd.

»Ja«, sage ich lächelnd, »deiner auch?« Wir müssen beide lachen. Der Mann, der sich mir als Arjen vorstellt, trägt eine modische Sonnenbrille und ein blaues Hemd, dessen Ärmel er hochgekrempelt hat. Nach einer kurzen Pause frage ich, ob sie auch in Hamar aussteigen würden. Er nickt und fragt:

»Warst du schon einmal dort?« Ich schüttele den Kopf und wir schwelgen kurz.

»Wir sind gerade hierhergezogen. Meine Frau arbeitete bis vor kurzem in Oslo und ich komme aus Amsterdam.«

»Was hat euch nach Hamar verschlagen?«

»Wir hatten die Großstadt satt und es war schnell klar, dass wir in Norwegen und nicht in den Niederlanden leben würden. Meine Schwiegereltern wohnen in Hamar und mir hat es sofort gefallen. Du wirst sehen, es ist eine sehr schöne Stadt.« Bei diesen Worten blicke ich erwartungsvoll nach vorn, nur um dann enttäuscht festzustellen, dass noch keine Stadt in Sicht ist.

»Fiel es dir schwer deine alte Heimat hinter dir zu lassen?«, frage ich.

Während Arjen überlegt, blickt er zu seiner Tochter hinüber, die an der Reling lehnend die Seevögel beobachtet. Mir fällt auf, dass sie mit ihren langen blonden Haaren und dem hellen Sommerkleid selbst ein bisschen Ähnlichkeit mit Alice hat. »Hast du Kinder?«, fragt er unvermittelt.

»Nein«, sage ich und merke, wie mich diese Frage immer ein bisschen auf meinem Stuhl herumrutschen lässt.

»Weißt du«, sagt er dann, »wenn man Kinder hat, wird alles irgendwie zweitrangig. Selbst Freunde, die jahrelang deine wichtigsten Bezugspersonen waren, rücken für die Familie in den Hintergrund. Das ist so. Wir haben uns dafür entschieden, was für Emmi und uns das Beste war. In Hamar haben wir viel Platz und Emmi hat zumindest Oma und Opa, also meine Schwiegereltern, da. In Amsterdam wäre das alles etwas anders gewesen. Und wie gesagt, Großstadt wollten wir nicht mehr.« Ich nicke stumm.

»Ich meine, natürlich vermisse ich meine Freunde. Wir sind in Kontakt und sehen uns, so oft es geht. Das klingt jetzt, als hätte ich sie gegen ein anderes Leben eingetauscht.« Er lacht bei diesen letzten Worten kurz schallend auf.

»Ich glaube, ich verstehe, was du meinst«, entgegne ich und wir schweigen eine Weile. Ich beobachte nun auch die Seevögel, die immer wieder das Schiffsdeck ansteuern, in der Hoffnung etwas Essbares zu ergattern. Dann erkläre ich: »Ich habe immer gedacht, ich sei eine Großstadtpflanze durch und durch. Als meine Eltern mit uns aufs Land zogen, habe ich zwei Monate lang nicht mit ihnen geredet, so sauer war ich auf sie. Mit Achtzehn bin ich dann sofort nach Berlin. Ich musste rein ins Getümmel, ins echte Leben. Mittlerweile flüchte ich vermehrt aus der Enge der Großstadt und sehne mich nach mehr Platz.« Mein Zuhörer nickt nun selbst teilnahmsvoll. »Und wenn deine Tochter es später will, kann sie immer noch in die Großstadt ziehen und ihre Eltern dafür verfluchen, dass sie mit ihr in irgendein Dorf in Norwegen gezogen sind.«

Ich grinse ihn an, doch er sagt nur: »Wart's mal ab! Hamar wird dir gefallen.«

Wie aufs Stichwort zeichnet sich vor dem Schiffsbug die Silhouette einer Stadt ab.

»Papa!«, ruft die kleine Alice, die eigentlich Emmi heißt, und rennt aufgeregt zu ihrem Vater. Sie unterhalten sich auf Norwegisch und es scheint um die Mutter zu gehen. Ich löse mich langsam aus meiner entspannten Sitzposition und strecke meine steifen Glieder. Dann setze ich meinen Rucksack auf die Bank, auf der ich bis eben saß und hocke mich davor, um mir das Aufsetzen des Rucksacks zu erleichtern. Mit wenigen Handgriffen sind die Gurte festgezurrt. Unwillkürlich erinnert mein Körper sich daran, was es bedeutet eine Pilgerin zu sein. Das Schiff ist dem Ufer nun deutlich näher und steuert seitlich an den Landungssteg heran. Ich sehe, wie viele Menschen dichtgedrängt auf einer etwas erhöhten Plattform stehen und die Ankunft des Schiffes erwarten. Dabei fällt mir eine hochgewachsene, schlanke Frau mit langen glatten Haaren auf, die das Schiff nach jemandem abzusuchen scheint. Nach einigen weiteren Minuten, in denen das Schiff rangiert wird, ist die Position gefunden und das Dröhnen der Motoren, das während der gesamten Fahrt akustischer Begleiter war, verstummt.

Die Menschen drängen vom Schiff und ich reihe mich in die Schlange der von Bord Gehenden ein. Weiter vorne kann ich Arjen und Emmi erkennen. Sie winken begeistert einer Frau auf der Plattform zu. Als ich ihren Blicken folge, erkenne ich sogleich die großgewachsene Frau wieder, die mir zuvor aufgefallen war. Das unablässige Lächeln und Winken bedeuten mir, dass sich die eine Seite ebenso sehr auf das Wiedersehen freut wie die andere. Emmi springt auf und ab und ruft immer wieder nach ihrer Mutter. Nachdem die Passagiere einer nach dem anderen von Bord gelassen werden, fällt mir ein, dass ich mir noch keinen Stempel in meinen Pilgerpass habe geben lassen und laufe zurück in die Schiffskajüte. Es dauert eine Weile, bis die Frau an der Theke den Stempel und das Stempelkissen griffbereit hat. Dann prangt der Schriftzug *Skibladner* in wunderschönen serifenbesetzten Buchstaben in meinem Pilgerpass. Als ich wieder festen Boden unter den

Füßen habe, kann ich Arjen und seine Familie unter der Menschenmenge nicht erspähen. Dann höre ich jemanden meinen Namen rufen und drehe mich einmal um meine eigene Achse, bis ich das Rufen orten kann. Es ist Arjen, der über mir steht und winkt.

»Schönen Nichtgeburtstag noch!«, ruft er. Ich muss lachen und winke ihm. Seine Frau lächelt mir zu, winkt und dann ist die Familie außer Sicht. Kurz schmerzt es mich, dass mich niemand erwartet, als ich von Bord steige. Dann setze ich mich in Bewegung.

Der Eingang zum Kaninchenbau lief erst geradeaus, wie ein Tunnel, und ging dann plötzlich abwärts; ehe Alice noch den Gedanken fassen konnte sich schnell festzuhalten, fühlte sie schon, dass sie fiel, wie es schien, in einen tiefen, tiefen Brunnen.

Lewis Carroll, Alice im Wunderland

Tag 1 – Gesegnet

▶ 36,1 km ▲ 859 m ▼ 710 m ♥ Oslo

Der Bus rollt in mäßiger Geschwindigkeit über die Straße, während die Lüftung schwer und laut gegen die Hitze arbeitet. Ich stehe im mittleren Teil des Busses mit dem Rucksack auf den Schultern gegen die Fensterscheibe gelehnt. Gebannt folgt mein Blick den Unbekannten auf der Straße, die mal geschäftig, mal bummelnd, ihren Erledigungen nachgehen. Ein ebenso gewöhnliches wie befremdliches Bild. Wir fahren durch Einkaufsmeilen, vorbei an amtlichen Gebäuden, Schulen und Parks. Zurückhaltend gekleidete Menschen steigen aus und ein. Als der Bus an einer weiteren Haltestelle zum Stehen kommt, steige ich aus. Bis zu meinem Ziel ist es von hier nicht mehr weit. Die Sonne hat an diesem Morgen zwar noch längst nicht ihre volle Kraft entwickelt, brennt aber dennoch heiß auf meine dunkle Schirmmütze. Noch etwas unbeholfen stapfe ich in meinen dicken Wanderschuhen über die Straße und dann an einem umzäunten Friedhof entlang, der eher an einen Park erinnert. Mein Ziel ist das Pilgerzentrum. Dort bekomme ich den Pilgerpass, meine Dokumentationshilfe und Ausweis auf dem Weg. Auf einer Anhöhe nicht weit von mir entfernt, erblicke ich eine kleine Menschenansammlung. Noch etwas unsicher, steuere ich darauf zu.

Und dann stehe ich wenige Augenblicke später in einer kleinen Kapelle. Zumindest soll es eine sein. Ich staune nicht schlecht, denn sie ist bis obenhin vollgestopft mit allerlei Souvenirs. Neben Schlüsselanhängern und Kalendern stapeln sich Anstecknadeln, Aufkleber, und Aufnäher. Da stehen Tassen in verschiedenen Farben, dort hängen T-Shirts in allen erdenklichen Größen. Die obligatorischen Pilgerhandbücher reihen sich in unterschiedlichen Sprachen aneinander. Sogar Socken und T-Shirts kann ich kaufen. Und auf allen Produkten prangt das Olavskreuz, das mir in Vorbereitung auf diese Reise bereits vielfach begegnet ist. Es ist ein gleichschenkliges rotes Kreuz, das mit einem grauen, weißen oder manchmal auch goldenen Quadrat verbunden ist, dessen Ecken jeweils eine Schlaufe bilden. Ich berühre das eine oder andere Erinnerungsstück, das noch keines ist und bin versucht eine

Anstecknadel zu kaufen. Im Nebenraum höre ich Stimmen. Ich lege die Nadel zurück und blinzele hinein. Ein Mann in einem langen schwarzen Gewand, vielleicht ein Priester, steht dort und spricht leise mit zwei Frauen. Sie lachen und wirken aufgeregt. Ich verstehe nicht, worum es geht, da sich alle auf Norwegisch unterhalten. Aber ich höre immer wieder die Worte *Gudbrandsdalsleden*, *Olavsleden* und *Pilegrimsleden*. Ich frage mich, ob sie wohl zukünftige Wandergefährtinnen werden. Da ich aber keine Rucksäcke erkennen kann und ihre Kleidung eher alltagstauglich denn wandertauglich wirkt, verwerfe ich diese Überlegung gleich wieder. Nach einem weiteren Augenblick löst sich die kleine Gruppe um den Priester auf und sie verabschieden sich. Die Frauen schieben sich durch den schmalen Eingang und während die eine in die Sonne hinaustritt, bleibt die andere bei den Wanderführern stehen und nimmt einen auf Norwegisch aus dem Regal. Dann steht der hoch gewachsene Mann in der langen Tracht vor mir.

»*Velkommen*«, begrüßt mich seine freundliche Stimme. Er blickt an mir herunter und nickt aufmunternd. »Du hast eine große Reise vor dir«, setzt er auf Englisch fort. Von meinem Erscheinungsbild muss er abgeleitet haben, dass ich die Landessprache nicht spreche. »Bist du hier für den Pilgerpass?« Ich nicke langsam. »Gut, dann folge mir bitte.« Ich gehe ihm hinterher und betrete den kleinen Nebenraum, in den ich zuvor hineingeblickt hatte. »Den Rucksack kannst du dort abstellen.« Er zeigt auf einen leeren Stuhl an der Wand. Wieder nicke ich und hieve mein Gepäck vom Rücken. Plumpsend fällt es auf den antik wirkenden Stuhl und ich blicke den Geistlichen entschuldigend an. Der ist derweil mit einem großen Buch beschäftigt, das vor ihm auf einem kleinen Tisch liegt. Darin kann ich eine Tabelle mit Namen und Zahlen erkennen.

»Du bist Pilgerin Nummer 243 in diesem Jahr. Hast du vor den gesamten Olavsweg zu gehen?« Ich nicke erneut. »Woher kommst du, wenn ich fragen darf?«

»Deutschland«, antworte ich knapp. Er notiert ein großes D in die Tabelle vor sich.

»Interessant, wir haben dieses Jahr viele Pilger aus Deutschland. Da muss es eine Revolution gegeben haben.« Er lächelt über die Idee einer deutschen Wanderrevolution und ich halte den Impuls zurück, ihm zustimmen zu wollen. Seitdem Hape Kerkeling kurz »mal weg« war, boomt die Wander- und Pilgerindustrie. Die Buchhandlungen sind voller Wanderführer und Erfahrungsberichte. »Verrätst du mir deinen Namen, damit ich dich in unser Register eintragen kann?«, unterbricht er meine Gedanken. »Es ist natürlich freiwillig.« Ich lächle kurz und nenne ihm meinen Namen und das Geburtsdatum, nachdem er auch das verlangt. Schließlich reicht er mir ein kleines Heft, welches wie eine Broschüre gefaltet ist. Es ist der Pilgerpass. Auf dem Deckel prangt das Konterfei des Namensgebers und das obligatorische Olavskreuz. Im Inneren bietet er Platz für eine Vielzahl von Stempeln und Notizen. Der Priester trägt meinen Namen ein und drückt sogleich den ersten Stempel in eines der vielen Kästchen. Der Pilgerpass galt früher den Obdachsuchenden als Zeugnis, dass sie kein kriminelles Gesindel waren. Heutzutage ist er ein netter Gesprächsanlass zwischen Pilgern und Herbergsleuten und eine schöne Erinnerung. Damals wie heute bestätigt er offiziell die Pilgerschaft und berechtigt zum Erwerb des Olavsbriefs, einer Art Urkunde über die Pilgerung, den man am Ende in Trondheim erhält. Meinen Pilgerpass werde ich auch noch Jahre nach meiner Reise immer wieder in die Hand nehmen und die vielen Stempel bewundern, die alle einzigartig und unveränderlich darauf haften, wie Tattoos auf der Haut.

»Damit wären die erforderlichen Formalitäten erledigt«, setzt er fort und greift nach einem weiteren, wesentlich schmaleren Buch, dann sieht er mich an und fragt: »Darf ich dir eine Segnung mit auf den Weg geben?« Ich bin unsicher. Davon gelesen hatte ich, mir aber keine Gedanken dazu gemacht, ob ich eine Segnung wollte oder nicht. Ich bin kein religiöser Mensch, doch neugierig. Ich bemerke, wie ich langsam nicke. Er lächelt. »Schön. Ich werde versuchen die Segnung auf Deutsch zu machen, wenn du möchtest.«

»Das wäre großartig«, entgegne ich und er nickt zufrieden.

Der Priester zündet die auf dem Tisch thronende Kerze an, legt sich den hellblauen, satinartig schimmernden Schal über die Schultern, der zuvor hinter ihm an der Wand gehangen hatte und räuspert sich. Aufrecht steht er vor mir, in der rechten Hand das geöffnete Buch, die Linke ausgestreckt vor sich.

Die Worte, die er verlauten lässt, klingen wie ein Gedicht oder ein Gebet und es geschieht etwas, mit dem ich absolut nicht gerechnet hatte. Ich weine. Der Priester spricht von unbekannten, unbegangenen Wegen und Erfahrungen, die eines Schutzes bedürfen, um den er hiermit bitte und die Tränen kullern bei seinen Worten. Ich bin völlig überwältigt und ein bisschen überfordert und vor allem peinlich berührt. Als er zu Ende gesprochen hat, schließt er die Augen und murmelt etwas auf Norwegisch, das nach einem weiteren Gebet klingt und ich habe Zeit, mir hastig mit dem Handrücken die Tränen von den Wangen zu streichen. Ich weiß nicht recht, woher diese emotionale Reaktion rührt und versuche mich zu sammeln. Der Priester verstummt, schlägt das Buch zu und legt es auf den Tisch vor sich. Dann greift er in eine kleine Kiste hinter sich und zieht ein schmales, etwa fünfzehn Zentimeter langes Bändchen hervor. »Dieses Band soll dich begleiten und beschützen«, sagt er nun wieder auf Englisch, »trage es bei dir bis zum Nidarosdom in Trondheim und du wirst sicher dort ankommen.« Ich zögere und überlege, welche Hand ich ihm reichen soll, entscheide mich für die linke und halte sie ihm entgegen, sodass er das kleine Band darumlegen kann. Während der Priester das Armband mit einem kleinen silbernen Metallring verschließt, erkenne ich das Olavskreuz, das dort gleich zwei Mal aufgedruckt wurde. Dazwischen, in schnörkellosen Lettern, steht der Satz »*Gud velsigne og bevare dig*« und obwohl ich kein Wort Norwegisch spreche, verstehe ich seine Bedeutung augenblicklich. Gott segne und beschütze dich.

Lächelnd und noch etwas benommen trete ich zurück ins Tageslicht. Ich habe keines der Andenken gekauft. Ich möchte es mir für den Tag der Ankunft in Trondheim aufsparen. Noch unsicher, wie es nun für mich weitergehen soll, beschließe ich, erst einmal einen Kaffee zu trinken. Und so sitze ich wenige Augenblicke später unter Bäumen und beobachte die Menschen, die in die Kapelle hinein- und wieder hinausgehen. Es sind während meines kurzen Aufenthalts nicht mehr als sechs. Einer hat wie ich den Rucksack geschnürt. Er scheint es eilig zu haben und ich werde ihn auf meinem weiteren Weg nicht wieder treffen. Mein Blick wandert hinab auf das Armband an meinem Handgelenk. Mit der rechten Hand schiebe ich die kleine silberne Kugel daran hin und her, wie ich es viele Male noch tun werde und spüre zum allerersten Mal, diese Unruhe, die ich bereits kenne, wenn ich mich am Anfang einer großen

Reise befinde. Das Gepäck ist verschnürt, alle Vorbereitungen getroffen und der Weg liegt vor mir. Alles, was jetzt noch zu tun ist, ist der erste Schritt.

Ich zögere. Etwas hält mich zurück. Es ist … Angst. Angst den Strapazen nicht gewachsen zu sein. Angst irgendwo in norwegischen Wäldern verloren zu gehen. Angst vor dem Unbekannten. Angst vorm Alleinsein. Angst vor dem Versagen und die Zweifler doch nicht Lügen zu strafen. Plötzlich schmeckt mir mein Kaffee nicht mehr. Ich verstehe nicht, was in mich gefahren ist. Bis gerade eben ging es mir gut. War es ein Fehler hierher zu kommen? Zweifel nagen an mir. Zweifel von Selbstüberschätzung und Zweifel der selbst gewählten Sommerferiengestaltung. Mein Blick noch immer auf das Armband gerichtet, bleibt an dem Spruch hängen, der darauf geschrieben steht. Ich glaube nicht an Gott. Bin ich eine Heuchlerin, weil ich die Segnung dennoch in Anspruch genommen habe? Vielleicht ist es das, was mich während der Segnung des Pfarrers zum Weinen gebracht hat. Es war eine bewegende, nahezu magische Erfahrung, aber dennoch befremdlich. Die Kraft durch den Glauben dieses Geistlichen, die ich bei der Segnung erhalten habe, muss ich erst einmal übersetzen. Denn für gewöhnlich, ziehe ich Kraft und Zuversicht aus mir selbst. Ich glaube fest an den eigenen Willen und die Stärke, die aus mir selbst kommt. Ich glaube, dass wir gesegnet sind, wenn wir stark sind und an unsere Stärke glauben können. Meine Stärke kommt aus mir, aber sie wird genährt durch die Liebe meiner Familie und meiner Freundinnen und Freunden. Ich fühle mich stark und beschützt und gesegnet, weil ich weiß, dass sie da sind. Es ist ein Wissen, das mich reich macht und mir Sicherheit gibt. Ich versuche diesen Gedanken festzuhalten. Es fällt mir schwer, denn jetzt gerade fühle ich mich allein und ein wenig verloren. Ich beschließe meine Gedanken schriftlich zu sortieren, greife ein kleines Notizheft aus der Seitentasche meines Rucksacks und beginne zu schreiben.

Der letzte Satz meiner Aufzeichnungen ist eine Frage. Sie lautet: Ziehe ich das jetzt wirklich durch? Und auch wenn ich weiß, dass ich mir die Frage nicht nach jedem gegangenen Kilometer stellen darf, sonst lautet die Antwort in einem schwachen Moment womöglich doch einmal »Nein«, genügt mir das leise aber unwillkürliche »Ja« für den Moment. Und endlich laufe ich los.

Der verrückte Hutmacher: »Ich habe über Wörter
nachgedacht, die mit einem M anfangen: Miststück,
Meuterei, Mord, Missetat.«

Lewis Carroll, Alice im Wunderland

Tag 3 – Die Leiden der jungen S.

▶ 15,1 km ▲ 214 m ▼ 202 m 📍 Eidsvoll

Zu Beginn einer längeren Wanderung ist alles schwer,
zumindest als Neuling. Der Rucksack wiegt häufig mehr, als er
sollte, den Beinen fehlt es an Muskelkraft und den Füßen an der
vor den unvermeidlichen Blasen schützenden Hornhaut. Leiden
gehört gewissermaßen zum Wandern dazu. Und das kann ich
nicht sonderlich gut. Es nervt mich, nicht voll einsatzfähig zu
sein und ich will nicht begreifen, dass mein Körper womöglich
mehr Zeit braucht, um sich an die neue Herausforderung zu
gewöhnen als mein Kopf. Mein linker Fuß ist geschwollen und
zwar dermaßen, dass er kaum mehr in den Schuh hineinpasst.
Ich habe die Kardinalsregel einer jeden Langstreckenwanderung
gebrochen: *Start slow!* Bereits die ersten zwei Tage bin ich jeweils

über dreißig Kilometer gelaufen. Hochmotiviert und das Ziel fest im Blick habe ich mich selbst erbarmungslos über den heißen Asphalt getrieben. Eine Pilgerreise ist aber ein Marathon und kein Sprint. Jetzt schleppe ich mich die letzten Kilometer des Tages nach Eidsvoll. Bei jedem Schritt fährt mir ein stechender Schmerz durch den Knöchel und ich sacke kraftlos auf das rechte, gesunde Bein. Schmerzen sind ja vor allem ein Warnsignal des Körpers, dass etwas nicht stimmt. Und Schmerzen passieren im Kopf. Über Nervenbahnen gelangt ein Reiz ins Gehirn und gibt bestimmte Impulse weiter. Wie stark wir Schmerzen wahrnehmen, hat auch damit zu tun, in welchem Gemütszustand wir uns befinden. Profisportler während eines Wettkampfs zum Beispiel spüren teilweise gar keinen Schmerz, wenn sie sich verletzen. Wenn wir erschöpft oder gestresst sind, spüren wir Schmerzen dagegen oft stärker.

Als ich in dieser Verfassung vor dem alten weißen Pfarrhaus in Eidsvoll stehe, etliche Kilometer in den Knochen, hungrig und verschwitzt, kann ich vor Schmerzen kaum noch stehen. Das Schild an der Eingangstür erklärt mir auf Englisch, dass ich bei Ankunft die Gastgeberin anrufen soll, damit sie mir die Tür aufschließt. Als ich die angegebene Nummer anrufe, antwortet mir eine freundliche Stimme und bereitet mich auf etwas Wartezeit vor. Ich bin für den Augenblick einfach nur froh, nirgendwo mehr hinlaufen zu müssen und bedanke mich. Das

Pfarrhaus ist von einem großen parkähnlichen Garten umgeben und ich setze mich in den Schatten einer großen Buche. Es vergeht vielleicht eine Stunde bis ein Auto in die Kieseinfahrt einbiegt und wenige Schritte vor der Eingangstür hält. Bevor ich dabei beobachtet werden kann, wie ich mich ungelenk aufrichte, stehe ich schon wieder auf den Beinen und eile mit zusammengebissenen Zähnen die wenigen Schritte zum Haus und schließlich die Stufen zur Eingangstür hinauf. Nach einer kurzen Begrüßung, schließt mir die Gastgeberin mit einem gewaltigen Schlüsselbund in der Hand die Tür auf.

Der Flur, in den wir treten, ist lang und weiß getäfelt. Wir gehen an einem großen, salonartigen Raum vorbei. Ein gigantischer gruner Teppich schafft einen schönen Komplementärkontrast zu den weinroten Wänden, an denen Teller aus Messing schimmern. Kronleuchter schweben an der Decke. Ich kann ein weißes Klavier erspähen und einen Kamin. »Hier probt einmal die Woche der örtliche Theaterverein«, erfahre ich. Dann werde ich in die geräumige Küche geführt. Wände und Küchenschränke wurden einheitlich blau gestrichen. Ultramarin. In der Mitte des Raumes steht ein ovaler Tisch mit acht Stühlen drum herum. Ich frage mich unwillkürlich, wie viele Leute wohl heute mit mir hier übernachten. Als ob sie meine Gedanken erraten hätte, erklärt mir die Dame mit dem großen Schlüsselbund: »Du hast heute das gesamte Haus für dich allein, es hat sich bisher niemand weiter angekündigt. Du kannst dir oben ein Bett aussuchen. In der Küche kannst du alles an Geschirr und Töpfen verwenden, was du benötigst. Im Vorratsschrank stehen Konserven, die du kaufen kannst. Eine Preisliste und die Kasse findest du direkt darunter. Wenn du morgen gehst, kannst du die Tür einfach hinter dir zu ziehen. Gegen 10 Uhr kommt der Reinigungsdienst, bis dahin müsstest du ausgecheckt haben.«

Der rein informelle Monolog wirkt routiniert und lässt keine Fragen offen. Dann wird mir aber doch noch eine gestellt: »Hast du alles, was du brauchst?« Ich überlege kurz und antworte:

»Ja, ich denke schon. Obwohl, gibt es in der Nähe eine Apotheke? Ich brauche eine Packung Schmerztabletten.« Die Frau mit den vielen Schlüsseln legt den Kopf schief.

»Die nächste Apotheke ist in *Sundet*, das sind zwei Kilometer von hier. Ist es denn schlimm?« Ich berichte kurz von meinen Schmerzen im Fuß und wie ich mich heute hierhergeschleppt habe. Die freundliche Dame nickt kurz verständnisvoll und sagt dann völlig selbstverständlich: »Du kannst von hier aus morgen das Schiff nach Hamar nehmen. Der *Skibladner* fährt um 11:15 Uhr am Bahnhof Eidsvoll ab. Dann kannst du deinem Fuß etwas Ruhe gönnen und in Hamar bekommst du dann auch Schmerztabletten.« Diese komplett neue Idee wirft eine Menge Fragen auf.

»Aber betrüge ich dann nicht?«, ist die erste, die mir in den Sinn kommt und die ich laut ausspreche.

Die Schlüsselfrau lacht schallend auf. »Diese Frage kannst nur du beantworten«, sagt sie schließlich.

Nachdem die Gastgeberin mich in dem viel zu großen Haus allein gelassen hat, schleppe ich mich die Treppe hinauf in den ersten Stock. Drei Schlafzimmer warten darauf, dass ich mich für eines von ihnen entscheide. Den Rucksack im Flur geparkt, inspiziere ich die einzelnen Räume. Vom Flur in Goldgelb geht das erste Schlafzimmer ab, das in einem kräftigen Lila gestrichen wurde. Drei Einzelbetten stehen geduldig für Pilger bereit, die in ihnen zur Ruhe finden, um vermutlich von Lavendel und Flieder zu träumen. Zurück im goldenen Flur, geht es über ein weiteres Zwischenzimmer zu zwei weiteren Schlafzimmern. Eines in Saphirblau und eines in einem Sonnengelb, beide Räume beherbergen ebenfalls je drei Einzelbetten. Außerdem gibt es ein riesiges Badezimmer mit Badewanne und einen Gemeinschaftsraum mit gemütlichen Ohrensesseln und etwas fragwürdigen Dekorationselementen, wie Häkeldeckchen und Stoffpüppchen. Hier wurde weder mit Platz gegeizt, noch fehlte es an Mut für Farbe und Dekoration, denke ich und lächle bei dem Gedanken daran, mit welcher Liebe zum Detail dieses Haus in Stand gehalten wird. Ich entscheide mich für das mutige

Lila und lasse mir, nachdem ich den Rucksack im Zimmer verstaut habe, ein Bad ein.

Die warme Wanne und die Beinahe-Schwerelosigkeit im Wasser lassen die Anspannung aus meinen verkrampften Muskeln weichen. Ich schließe die Augen und spüre, wie das Pochen in meinem linken Knöchel noch einmal zunimmt – fast kann ich es hören – ehe es langsam dumpfer wird und schließlich kaum mehr zu spüren ist. Schmerzen nerven. Sie machen alles unglaublich langsam und anstrengend. Als wäre das Laufen nicht anstrengend genug. Dann fällt mir ein, dass der Schmerz ja vom Laufen stammt und ich fange an, mich richtig über mich selbst zu ärgern. *Start slow. Hike your own hike.* Beginne langsam. Mach dein eigenes Ding. Das ist kein Wettrennen, verdammt. Doch auch, wenn ich diese Weisheiten alle kenne, habe ich sie wohl noch nicht verinnerlicht. Wie soll diese Wanderung weitergehen? Schaffe ich es überhaupt einen einzigen Tag weiter in diesem Zustand? Ich habe schließlich erst neunzig Kilometer hinter mich gebracht.

»Du bist schon neunzig Kilometer gelaufen?«, brüllt meine Mutter ins Telefon, als ich ihr von meinem miserablen Gemütszustand berichte. »Bist du nicht erst vor drei Tagen losgelaufen?«, schiebt sie hinterher.

»Ja«, entgegne ich, »aber ich habe mir das irgendwie leichter vorgestellt.«

»Du dachtest, es wäre leicht, 650 Kilometer zu laufen?«, fragt sie mit süffisantem Unterton, sodass ich lachen muss. Ich merke selbst, wie albern diese Annahme ist. »Das sind doch deine Ferien, oder? Denk daran, dich auch ein bisschen zu erholen.« Ihre Fürsorge rührt mich und ich verspreche ihr, besser auf mich Acht zu geben.

»Sara, jetzt mach mal langsam«, warnt mich meine Freundin Francesca, nachdem ich auch ihr mein Leid geklagt habe. »Du machst sonst im Alltag auch immer so viel. Übernimm dich nicht!« Sie weiß, wie viel mentale und körperliche Energie in meinem beruflichen Alltag drauf geht, weil sie es selbst nicht anders kennt. »Hast du denn noch Spaß an deiner Wanderung?«

Eine gute Frage, auf die ich so schnell gar keine Antwort habe. »Na ja, Spaß würde ich jetzt nicht direkt sagen. Aber ich will das unbedingt durchziehen!«, verteidige ich mein Vorhaben.

»Das weiß ich, aber dafür muss man nicht seine Gesundheit aufs Spiel setzen«, warnt sie mich erneut. Erst als ich verspreche, mir das mit der Abkürzung auf dem Schiffsweg morgen zu überlegen, gibt sie sich zufrieden. Und damit vertage ich die Entscheidung und jede weitere Grübelei auf den nächsten Tag.

*

Am nächsten Morgen erwache ich nicht so erfrischt wie erhofft. Es gab keine Lavendelträume, trotz violetter Wände, stattdessen habe ich es die ganze Nacht über Knarzen hören und die ungeheure Geräumigkeit des Hauses hat mich geängstigt. Als ich mit einem Schwung aus dem Bett steigen will, schleudert mich der stechende Schmerz, der mir durch den Knöchel fährt, direkt wieder zurück in die Federn der dünnen Matratze. Kurz hatte ich vergessen, dass ich ja Halbinvalidin bin. Ich muss mich kurz sammeln. Was bedeutet das jetzt für meine weitere Planung? Ich schaue auf die Uhr meines Handys. Es ist kurz vor neun. Massig Zeit, um den *Skibladner* zu erreichen. Ich wäge meine Optionen ab. Laufen oder Sitzen? Keine schwere Entscheidung! Ich würde am liebsten von jetzt an nur noch fliegend vorankommen. Am Plan festhalten oder flexibel sein? Schon schwieriger. Flexibilität zählt nicht gerade zu meinen Stärken. Schande oder Ruhm? Ehrlich jetzt?! Ja, ehrlich! Ich kann mich des Gedankens nicht verwehren, mir eine Niederlage einzugestehen, wenn ich jetzt auf das Schiff steige. Ich beschließe erst einmal meine Habseligkeiten zu packen und mich abfahrbereit zu machen und dann zu entscheiden.

Erneut geht alles unglaublich langsam voran. Jetzt, wo mich niemand beobachtet, hinke ich richtiggehend und allein der Gedanke, gleich wieder in meine schweren Wanderstiefel steigen zu müssen, versetzt mich in milde Panik. Nach Kaffee und etwas *Lefse*, einer Art sehr dünner Eierkuchen, der mit einer zuckrigen Butterschicht überzogen ist, zum Frühstück, fühle ich mich bereit aufzubrechen. Ich quäle mich in meine Schuhe und schultere wie üblich den Rucksack. Und als das Gewicht des Rucksacks auf meinen schwachen Knöchel trifft, wird mir eines klar: Wenn ich jetzt so weitermache, ohne Rücksicht auf meinen Körper und dessen Bedürfnisse, laufe ich Gefahr Trondheim gar nicht zu erreichen. Diese Erkenntnis trifft mich wie ein Schlag. Wäre es dann nicht besser, jetzt innezuhalten und eine Pause einzulegen? Die Zeit auf dem Schiff könnte ich nutzen, um zu überlegen, wie es weitergeht, während es weitergeht. Und mit dieser Aussicht kann ich leben. Denn es soll weitergehen. Es muss weitergehen. So viel steht fest. Und als ich das leere Pfarrhaus hinter mir gelassen habe und vor einem Wegweiser stehe, der mich zum Hafen bringen soll, folge ich ihm und dem Geschrei der Möwen.

Alice bedauerte die falsche Schildkröte herzlich. »Was für einen Kummer hat sie?«, fragte sie den Greif, und der Greif antwortete, fast in denselben Worten wie zuvor: »Es ist alles ihre Einbildung, das; sie hat keinen Kummer nicht.«

Lewis Carroll, Alice im Wunderland

Tag 4 – Happy in Hamar

▶0 km ▲0 m ▼0 m 📍Hamar

Nachdem ich meine geschundenen Füße nach einer kurzen Abkühlung im See wieder in die Wanderschuhe gesteckt habe, mache ich mich auf den schmerzhaften Weg in die Pilgerunterkunft. Die Stadt zieht mich sofort in ihren Bann. Die Häuser mit ihren einladenden Veranden und verzierten Giebeln erinnern an die herrschaftlichen Anwesen im viktorianischen Baustil in den Südstaaten der USA. Nur wenige Schritte trennen sie vom See und ich rieche förmlich die Barbecues und eisgekühlten Limonaden. Am Ufer baden Kinder gemeinsam mit Hunden und alle scheinen Zeit zu haben. Das entspannte Treiben, die sommerliche Atmosphäre und die jungen, alternativen Menschen überall wecken den Hippie in mir. Ich schiebe den Neid und die anderen negativen Gefühle einmal mehr energisch beiseite und konzentriere mich auf die Navigation. Mein Wanderführer lotst mich auf einem Pfad am Rande der Innenstadt vorbei, dafür aber konsequent am Wasser entlang. Nach etwa vier Kilometern bin ich angekommen. Die Herberge ist anders als andere Pilgerunterkünfte auch gleichzeitig ein Informationszentrum für den Olavsweg. Mitarbeiter und Pilger nächtigen dort gemeinsam. Ein ständiger Betrieb, der nur nachts (fast) zum Erliegen kommt.

Nachdem ich meine schweren Wanderschuhe vor dem Eingang ausgezogen habe, inspiziere ich das Zimmer. Vier Doppelstockbetten. Jedoch sind bisher nur drei Betten belegt, eine Anzahl, die an diesem Tag nur durch mich um eins erhöht wird. Nach der Anmeldung beim zuständigen Mitarbeiter und einer heißen Dusche, trinke ich einen Tee und komme mit einem deutschen Mitpilger ins Gespräch. Sein Name ist Martin und er hat seine Pilgerreise bereits beendet. Er ist nach der Ankunft in Trondheim per Bahn nach Hamar zurückgekehrt, um zwei Tage zu entspannen, bevor es weiter mit dem Zug nach Oslo und von dort mit dem Flugzeug zurück nach Deutschland geht. Wieder nagt der Neid vorsichtig, aber hartnäckig an mir, als er ein Dokument ausrollt, das einem auf Wunsch in Trondheim ausgehändigt wird und die Pilgerung offiziell beglaubigt. Martin hat den Weg vor einem Jahr begonnen und musste aufgrund einer Verletzung vorzeitig abbrechen.

»Hier in Hamar habe ich letztes Jahr meine Reise unfreiwillig beendet, ohne dass sie eigentlich zu Ende war. Dieses Jahr schließe ich sie endgültig ab.« Dann zeigt er mir ein etwa faustgroßes Tattoo, das auf seiner Wade prangt. Es ist das Olavskreuz. Ich spüre, welche Bedeutung dieser Weg in seinem Leben für ihn hat und ahne, dass er auch mich nachhaltig beschäftigen wird. Martin schlägt vor, gemeinsam zu Abend zu essen. »Worauf hast du Hunger?«, fragt er und ich muss nicht lange überlegen.

»Burger«, sage ich und er muss grinsen.

»Na, was für ein Glück für dich, dass ich den besten Burgerladen in der Stadt kenne.«

Die Unterkunft stellt allen Gästen Fahrräder zur Verfügung und so müssen wir die drei Kilometer in die Stadt nicht zu Fuß gehen. Ein Glück für mich, denn ich habe aus Gründen der Schmerzlinderung Badelatschen angezogen. Stylish ist das nicht gerade, aber bequem. Im Restaurant angekommen, bestellen wir beide kurzerhand Burger und Bier und tauschen Pilgererfahrungen aus. Ich schaue mittlerweile nicht mehr auf die Preise, denn das versetzt mir jedes Mal einen Schock und essen muss der Mensch schließlich. Während wir auf unsere Bestellungen warten, lasse ich mir genau von der

Ankunftszeremonie im Nidarosdom erzählen und will alle Details seiner Tour wissen.

»Ich beneide dich«, entfährt es mir irgendwann, »du hast das erreicht, was ich unbedingt schaffen will.«

Er sieht mich nachdenklich an. »Und ich beneide dich, gerade weil du alles vor dir hast.«

Über diesen Satz denke ich lange nach und erst sehr spät verstehe ich seine Bedeutung.

»Weißt du, was für ein Geschenk es ist, die Zeit zu haben diesen Weg zu gehen? Ich wünschte, ich hätte die Möglichkeit alles noch einmal zu erleben«, fährt er fort, »also, ohne alles bereits einmal erlebt zu haben natürlich.« Er lächelt. »Die Orte, die du sehen wirst, die Menschen, die du treffen wirst, die Gespräche, die du führen wirst. All das gehört doch zum Weg dazu, genau wie das Ankommen in Trondheim. Wenn Leute sagen, der Weg sei das Ziel, dann klingt das sehr schnell nach einer abgenutzten Phrase. Doch genau darum geht es.«

Er nimmt einen Schluck von seinem Bier, das zwischenzeitlich serviert wurde und seine Worte hängen in der Luft, bis ich sie verstanden und in mich aufgenommen habe. Ihr Wert soll sich mir erst am Ende meiner Reise erschließen, aber das weiß ich zu diesem Zeitpunkt noch nicht.

Ich erzähle Martin von meinen Schmerzen und meiner Unzufriedenheit über meine selbst gewählte Feriengestaltung und er hört mir aufmerksam zu.

»Mach doch morgen einen *zero day*. Mein Zug geht erst am Nachmittag und wir könnten uns in Ruhe die Domkirche ansehen, oder besser gesagt die Ruine, die davon noch übriggeblieben ist.«

»Was ist denn ein *zero day*?«, frage ich ratlos.

»Ja, ein Tag, an dem du nicht läufst. Also keine Kilometer auf dem Trail zurücklegst. Du könntest deinen Fuß ein wenig ausruhen und zu Kräften kommen. Danach überlegst du dir, wie du weitermachst.« Ich lasse seinen Vorschlag ein wenig auf mich wirken. Immerhin hatte ich mit dem *Skibladner* einen Tag gut gemacht. Normalerweise wäre ich nämlich erst morgen in Hamar angekommen. Ich könnte vielleicht endlich das Schuhproblem in Angriff nehmen. Ich war nämlich zu der Erkenntnis gekommen, dass die Kombination aus asphaltierten Straßen und schweren Wanderschuhen, die für unebenes, felsiges Gelände gedacht waren, tödlich für meine Füße war.

»Gut«, sage ich schließlich, »machen wir einen *zero day*.« Martin erhebt sein Glas.

Ich tue es ihm gleich und wir stoßen an.

*

Der nächste Tag startet nach dem Frühstück vor der Ruine der Domkirche. Sie befindet sich keine Hundert Meter von der Pilgerherberge entfernt. Die Kirche wurde im 12. Jahrhundert errichtet, aber einige Jahrhunderte später von den Schweden zerstört. Heute schützt eine beeindruckende und technisch ausgefeilte Konstruktion aus Stahl und Glas die Überreste vor dem Verfall. Das Gelände umfasst außerdem ein Freilichtmuseum und für Pilger gibt es gratis Führungen und Konzerte. In der Kirche werden tatsächlich auch noch Messen abgehalten und es finden Hochzeiten statt. Auch an diesem Samstag trippelt eine Braut über die Grasfläche zum Eingang, in der einen Hand das Blumenbouquet, die andere lüpft den bauschigen Rock, um ihn vor Grasflecken zu schützen. Ich beobachte das Geschehen von einer Bank im Schatten. Männer in grauen, blauen und beigen Anzügen steigen aus schwarzen Limousinen, Kinder jagen trotz festlicher Kleidung über die Grünflächen und die freudig erregte Stimmung schwappt zu mir herüber.

Vor der Domkirche erblicke ich einen Meilenstein und neugierig geworden, erhebe ich mich, um ihn in Augenschein zu nehmen. Es ist die Art von Stein, die bereits in Oslo den Start markierte und in unregelmäßig aufgestellten Abständen die verbleibenden Kilometer bis Trondheim angibt. Etwa hüfthoch besteht er aus einem senkrecht stehenden Quader, dessen Spitze das bekannte Olavskreuz bildet. Ich berühre den kalten Granit, welcher der morgendlichen Sonnenwärme zu trotzen scheint. Die abzulesende Ziffer auf dem Stein prophezeit noch 483 Kilometer bis zum Nidarosdom und in mir erwacht etwas, das sich zwei Tage zuvor eingeschüchtert schlafen gelegt hatte, Ambition. Martin kommt einen Hügel hinab auf mich zu gelaufen. Als ob er meine Gedanken gelesen hat, fragt er grinsend: »Na? Kribbelt es schon wieder?« Meine Hand immer noch auf dem grauen Stein ruhend frage ich ihn, ob er ein Foto machen könnte. Und so posiere ich etwas befangen vor dem bewegungslosen Weggefährten, habe ich doch das Gefühl, dieses Etappenziel nicht selbstständig erreicht zu haben. Gemeinsam streifen wir anschließend durch die Ausstellung, die durch steinerne Gänge, in hölzerne Hallen und über gemauerte Gärten führt. Martin macht haufenweise Fotos und ich spüre den Abschiedsschmerz, der von ihm Besitz ergreift. Er erzählt mir, dass er in zwei Tagen wieder zur Arbeit muss und wie ihn der Gedanke daran überfordert. Es ist ein harter Bruch von nahezu grenzenloser Freiheit in die starren Strukturen der Arbeitswelt zurückzukehren. Mir schwant einmal mehr, welche Veränderung diese Reise bewirken wird.

Wir schlendern ein bisschen auf dem Gelände herum und spazieren am See entlang. Gegen Mittag wird es für ihn Zeit aufzubrechen, also kehren wir in die Herberge zurück. Weitere

Pilger sind angekommen und sonnen sich auf der Wiese vor dem Haus. Ich geselle mich zu ihnen und wir plaudern über unsere letzten Etappen und die noch bevorstehenden. Einige haben wie ich den *Skibladner* genommen und angeblich nähmen Pilger ihn seit Jahrhunderten. Viele halten ihn gar für einen unverzichtbaren Bestandteil der Pilgerreise. Ein tröstender Gedanke. Ich weiß nicht, ob es an der Gesellschaft der Pilgergemeinde liegt oder ob der Pausentag mir einfach gutgetan hat, aber meine Stimmung ist gelöst und ich verspüre sogar wieder etwas Vorfreude, wenn ich ans Weitergehen denke. Nachdem Martin sich am Nachmittag von mir verabschiedet hat, mache ich mich auf den Weg zum Sportgeschäft. Dort lasse ich mich eine Stunde von einem geduldigen Verkäufer beraten und kaufe die bequemsten Sportschuhe, die meine Füße je getragen haben. Ich bezahle, ohne auf den Preis zu achten und verlasse das Geschäft und am Morgen des nächsten Tages die schöne Stadt Hamar mit luftigen Schritten.

»Aber ich möchte nicht unter Verrückte kommen«
bemerkte Alice. »Oh, das kannst du wohl kaum
verhindern«, sagte die Grinsekatze, »wir sind hier nämlich
alle verrückt. Ich bin verrückt. Du bist verrückt.« »Woher
willst du wissen, dass ich verrückt bin?«, fragte Alice.
»Wenn du es nicht wärest«, stellte die Grinsekatze fest,
»dann wärest du nicht hier.«

Lewis Carroll, Alice im Wunderland

Tag 6 – Kennst du einen, kennst du einen

▶ 22,3 km ▲ 472 m ▼ 290 m ♀ Veldre

Ich bin auf dem Weg nach Veldre. Heute werde ich Frank
und Adi kennenlernen und eine Fußmassage bekommen, aber
das ahne ich an diesem Morgen noch nicht. Meine schweren
Wanderschuhe habe ich an den Rucksack gebunden, sodass sie
jetzt bei jedem Schritt dagegen donnern. Ein Umstand, den ich
auf den nächsten 483 Kilometern noch in den Griff bekommen
muss, bevor ich wahnsinnig werde. Dafür fallen die Schritte in
den neuen Schuhen definitiv leichter, auch wenn die Schmerzen
immer noch da sind. Nach ausgiebiger Internetrecherche am
gestrigen Nachmittag habe ich mir selbst eine Plantarfasziitis

diagnostiziert und mir Ibuprofen verschrieben. Schmerzmittel und ein Tapeverband ermöglichen es mir weiterzugehen.

Mein Weg führt mich heute weiter am See Mjøsa entlang, durch Fichten- und Kiefernwälder und schließlich durch den Stadtkern von Brumunddal. Waren die Waldwege noch abwechslungsreich und einigermaßen erholsam, quält mich der Asphalt nun wieder unbarmherzig und die Wege durch das bewohnte Stadtgebiet scheinen endlos. Auf müden Füßen lasse ich mich von den Passanten stoisch durch die Fußgängerzone ziehen. An einem Brunnen mit einer Elchstatue spielen Kinder und essen Eis, während ihre Eltern an kleineren oder größeren Kaffeetassen nippen und die heiße Mittagspause vertrödeln. Ich ignoriere den Drang nach einem Kaffee und steuere weiter auf den Ortsausgang zu. Mein Fuß macht mir mittlerweile wieder sehr zu schaffen und ich beschließe, doch eine Rast einzulegen. Auf einer kleinen Grünfläche neben einem Kreisverkehr, durch den unablässig Autos drängen, ziehe ich Turnschuhe und Socken aus und fahre mit den nackten Füßen durchs Gras. Einen Schokoriegel und eine Schmerztablette später, lege ich den Kopf auf den Rucksack und schließe die Augen. Die hinter mich gebrachten Kilometer und das monotone Rauschen der durchfahrenden PKWs machen mich schläfrig und so schließe ich die Augen und nicke kurzerhand ein.

Zwei Stunden später. Ich habe nun endgültig die Orientierung verloren. Nachdem ich Brumunddal hinter mich gelassen hatte, ging es auf Feldwegen weiter Richtung Veldre. Diese waren wie gewohnt verlässlich markiert und die Navigation stellte keine Schwierigkeit dar. Doch nun stehe ich am Rand einer großen Wiese und weit und breit keine Wegmarkierung. Fünf Minuten Gehzeit in jede Richtung führen dazu, dass ich jetzt nicht einmal mehr mit Sicherheit sagen kann, woher ich gekommen bin. Müde und genervt, nehme ich zum wiederholten Mal meinen Wanderführer hervor, doch die dort beschriebene Wegführung ergibt keinen Sinn. Ich gehe zurück in die Richtung, aus der ich glaube, gekommen zu sein. Die vereinzelten Häuser und Farmen wirken verlassen, scheinbar achtlos zurückgelassenes Werkzeug und mit Unkraut überwucherte Leitern säumen den Weg.

Endlich sehe ich einen Traktor in meine Richtung fahren. Ein Junge im Teenageralter sitzt darauf, kaum älter als sechzehn Jahre.

»Hey«, sage ich, als er neben mir zum Stehen kommt. »Ich suche den Weg nach Veldre. Irgendwie habe ich die Orientierung verloren. Weißt du, wo es langgeht?« Er runzelt die Stirn und beugt sich zu mir herunter.

»Suchst du den Pilgerweg?«

»Ja genau«, sage ich erleichtert darüber, dass er zu wissen scheint, wohin ich will.

»Dort drüben bei dem weißen Haus steht eigentlich eine Wegmarkierung, aber sie ist vor einigen Wochen niedergewalzt worden. Vermutlich von einem Bauern mit schwerem Gefährt. Bis heute wurde es noch nicht wieder aufgerichtet. Ich glaube, der Weg führt über das Feld dort in das kleine Waldstück hinein.« Während er spricht, deutet er abwechselnd mit dem ausgestreckten Arm auf verschiedene Punkte in der Landschaft vor uns und ich folge seinem Finger. »Veldre ist ungefähr dort.« Erneut deutet er auf einen gedachten Ort in der Ferne. »Tut mir leid, weiter kann ich dir auch nicht helfen.«

»Nein, nein! Das hilft sehr. Vielen Dank«, sage ich. Er nickt und ich hebe die Hand zum Abschied. Dann folge ich seinen Richtungsanweisungen über das Feld. Hinter mir höre ich den Traktor dröhnen und in die entgegengesetzte Richtung rattern. Ich muss viele ungewisse Minuten in Kauf nehmen, ehe ich endlich am Ende des Waldstücks einen weiteren Wegweiser erkennen kann und Gewissheit habe, auf dem richtigen Weg zu sein. Dafür vergesse ich eine Weile die Schmerzen in meinem Fuß und bin in Gedanken nirgendwo als genau dort, wo ich mich gerade befinde.

Endlich blitzt ein weißer Kirchturm durch das Grün der Bäume. Rasch erkenne ich die Kirche aus meinem

Wanderführer wieder und begreife, dass ich Veldre erreicht habe. Einen Steinwurf von der Kirche entfernt befindet sich die Herberge. Es ist ein rotes, zweigeschossiges Holzhaus, das etwas oberhalb der Straße thront und einen herrlichen Ausblick auf die sich anschließenden Wiesen und Kornfelder bietet. Als ich die Eingangstür der Pilgerunterkunft erreiche, spüre ich wie häufig den Anflug von Sorge, sie könnte versperrt sein. Doch wie gewöhnlich lässt sie sich mühelos öffnen, und gewährt mir bereitwillig Obdach.

Das Erdgeschoss bietet einen eher kleinen Flur, von dem drei Türen abgehen. Dahinter befinden sich unter anderem ein Duschraum und die Toiletten. Rechts von mir schlängelt sich eine Treppe in den nächsten Stock. Ich lasse Rucksack, Turnschuhe und Wanderstöcke an der Treppe zurück, folge ihr hinauf und finde eine kleine Küche. Verwaschene Gardinen mit Blumenmuster verbergen Töpfe und Geschirr. In einem Hängeschrank entdecke ich Konserven und andere Nahrungsmittel. Eine Versorgung, von der ich bereits in anderen Unterkünften profitiert habe. Wer nicht auf eine besondere Ernährung achten muss, kann sich eigentlich fast ohne Proviant auf den Olavsweg begeben. Für ausreichend Verpflegung ist vielerorts gesorgt. Das Schlaflager befindet sich einen Raum weiter. Drei Betten und etliche sich stapelnde Matratzen warten dort geduldig auf müde Pilger. Ich lasse mich auf eines dieser Betten, das an einem Fenster steht, fallen und blicke mich um. Der große, helle Raum mit den grünen Wänden und dem Holzfußboden wirkt freundlich und spontan fühle ich mich wohl. In der Mitte des Raumes stehen ein Tisch und vier Stühle. Eine große rote Couch und ein ovaler Tisch laden zum Verweilen ein. Mein Blick wandert zu einer grünen Kreidetafel und ich frage mich, zu welchem Zweck die wohl aufgehängt wurde. Doch bevor ich eine Vermutung anstellen kann, werde ich aus meinen Gedanken gerissen.

Ein Poltern, das die Treppe heraufzukommen scheint, lässt mich herumfahren. Und tatsächlich, ein weiß-braunes Fellknäuel kommt die Treppe hochgesprintet und rast durch den Raum auf mich zu. Eine kalte, schwarze Hundenase untersucht meine Hände und Hosentaschen, während der buschige Schwanz freudig gegen die Bettkante schlägt. »Adi!« ruft eine Stimme von unten. »Adi, komm her hier! Na, sag mal, du kannst doch nicht ohne mich hoch gehen!« Der Hund, der offensichtlich den Namen Adi trägt, scheint kurz zu überlegen, ob er den Rufen seines Herrchens Folge leisten soll oder nicht, denn bevor er es dann tut, schaut er mich noch einmal rasch an, als wolle er mir bedeuten, dass er gleich wiederkomme. Ich beschließe ihm zu folgen und meine pilgernden Landsleute zu begrüßen. Als ich nach unten trete, ist der gesamte Eingangsbereich versperrt. Ein riesiger Rucksack verteilt sich weiträumig mindestens über vier Treppenstufen. Daneben liegen ein knorriger Wanderstock und ein hechelnder Hund. Doch kein Mensch in Sicht. Ich steige über die gesammelten Habseligkeiten, hieve meinen Rucksack auf die Schulter und laufe kurzerhand die Treppe wieder nach oben. Dort breite ich mich auf demselben Bett aus, das ich vorher bereits besetzt hatte und packe eine Jeansshorts, ein T-Shirt und Duschutensilien aus. Dann schließe ich mein Handy an eine nahegelegene Steckdose an und schlüpfe in meine Badelatschen.

Ich höre wie klappernd Dinge aufgesammelt werden. Dann steigt jemand langsam die Treppe hinauf und wird schließlich mit Hilfe einer Leine von dem Hund, der Adi heißt, ins Zimmer gezogen. Ich muss mir ein bisschen das Grinsen verkneifen, denn so ein Zugpferd hätte ich heute manchmal auch gut gebrauchen könne. Höflich sage ich »Hallo« und stelle mich vor. Doch bevor er mich auch nur begrüßt, fragt der Mann, der Adis Leine in der Hand hält: »Ich hoffe es ist für dich ok, wenn mein Hund hier oben schläft?«

»Kein Problem! Ich liebe Hunde und es macht mir gar nichts aus – im Gegenteil.« Offenbar hat ihn das eine Weile des Weges bis hierher beschäftigt, denn er wirkt sichtlich erleichtert. Schließlich stellt er sich mir als Frank vor und lässt seinen augenscheinlich schweren Rucksack schnaufend aufs Bett fallen. Adi, mittlerweile von der Leine gelassen, nimmt meinen

Rucksack unter die Lupe und als Frank ihn zurückrufen will, erkläre ich, dass es gar kein Problem für mich ist und er gibt schließlich auf. Ich überlasse Frank und Adi für den Moment das Zimmer und nehme im Stockwerk tiefer eine Dusche.

Eine halbe Stunde später sitze ich frisch geduscht, in Jeansshorts, T-Shirt und Badelatschen auf der Terrasse, vor mir eine riesige Portion Spaghetti á la Capri, die ich mir im Austausch gegen 35 Kronen aus dem Vorratsschrank genommen habe. Frank und Adi gesellen sich zu mir und so sitzen wir draußen auf der Terrasse, genießen die sommerliche Abendluft und den Blick auf sattgrüne Weizenfelder und vereinzelte Ansammlungen lilafarbener Weidenröschen. Von Frank erfahre ich, dass er 55 Jahre ist und aus Ostfriesland kommt. Er und Adi sind mit der Fähre in Oslo angekommen und seit etwas mehr als einer Woche unterwegs. Frank erzählt mir gleich, dass Adi ein Begleithund für Menschen mit Asperger-Syndrom ist, zu denen auch Frank zählt. Wieder einmal stelle ich verblüfft fest, wie offen wir Pilger uns von den persönlichsten Dingen erzählen. Ich frage mich, ob es wohl einfach daran liegt, dass wir in der Regel den ganzen Tag kaum mit einem Menschen reden und uns am Ende des Tages nach menschlichem Austausch sehnen oder ob es tatsächlich ein unsichtbares Band ist, das uns Pilger miteinander verbindet. Bei Frank ist es ein klein wenig anders, er erzählt allen gern von seiner Besonderheit. Unter anderem wohl auch, weil er sich selbst als eine Art Botschafter für »Aspis«, wie er sich und andere Menschen mit Asperger-Syndrom bezeichnet, sieht. In seinem Heimatort und in den umliegenden Städten hält er Vorträge in Schulen und bei Firmenveranstaltungen, um für Sichtbarkeit zu sorgen und aufzuklären.

Ich bin neugierig und lasse mir von ihm erklären, wie sich Autismus kennzeichnet. »Zunächst einmal muss man verstehen, dass das Denken bei Autisten anders abläuft als bei Nicht-Autisten. Menschen mit Autismus können soziale und emotionale Signale nur schwer einschätzen und haben ebenso Schwierigkeiten, diese auszusenden. Aspis unterscheiden sich von anderen Autisten in erster Linie dadurch, dass keine Entwicklungsverzögerung in der Sprache oder der kognitiven Entwicklung vorhanden ist. Bei mir ist das etwas anders, ich bin noch Legastheniker dazu. Die meisten Menschen mit Asperger-Syndrom besitzen aber eine normale, in Teilgebieten sogar besonders hohe Intelligenz. Ich kannte mal einen, der hatte angeblich einen IQ von 200, konnte mehrere Sprachen, aber keinen Fuß vor den anderen setzen. Der ging wirklich nur, wenn ihn jemand an der Hand geführt hat. Ich kann von mir behaupten, dass ich einen ziemlich hohen IQ habe. Aber was nützt mir ein IQ von 145, wenn ich dann zum Einkaufen, den Laden nicht betreten kann? Meine Frau hat mal gesagt, sie habe das Gefühl, manchmal sitzt da Einstein und manchmal sitzt da ein sechsjähriges Kind.« Er grinst kaum merklich.

»Also Autisten oder Menschen mit Asperger-Syndrom können lernen, allein im Leben zurechtzukommen?«

»Ja klar«, entfährt es Frank sofort, »sonst würde ich wohl kaum hier mit dir sitzen! Man sagt etwa zwanzig bis dreißig Prozent sind Prägung, die restlichen siebzig bis achtzig Prozent sind, wie mein Input funktioniert. Da sind alle Autisten identisch. Allerdings heißt es auch: Kennst du einen Autisten, kennst du einen Autisten.« Ich nicke langsam und versuche die neuen Informationen zu verarbeiten.

»Ich nehme an, du musstest dir einige Strategien aneignen, um im Alltag zurechtzukommen.«

»Allerdings. Ich kann sehr viele Dinge blitzschnell erfassen, eben weil ich es häufig muss. Mein Leben ist geprägt davon, dass ich beobachte und dann imitiere. Ich sehe, wie jemand in einer bestimmten Situation handelt und dann mache ich es nach. Das ist manchmal ein So-tun-als-ob-Spiel. Da muss ich auch aufpassen, dass ich nicht enttarnt werde, sonst wird's peinlich.«

»Fühlst du dich durch deine Diagnose auch manchmal abgeschnitten oder irgendwie eingeschränkt von der Gesellschaft?«

»Also ich wurde erst sehr spät diagnostiziert, da war ich weit über Vierzig. Da war auch Erleichterung dabei. Endlich hatte ich einen Namen für das Gespenst. Damals war auch noch eine Menge Stigmatisierung dabei. Das ist mit heute nicht mehr vergleichbar. Eingeschränkt fühle ich mich eigentlich ständig. Ich kann zum Beispiel nicht einfach in ein Restaurant hineingehen, ohne dass ich da vorher recherchiert habe, was es auf der Speisekarte gibt, wo die Toiletten sind oder an welchen Tagen es besonders voll ist. Da hilft mir Adi auch sehr, in Orte reinlaufen und einkaufen gehen. Adi ist ja ein Begleithund und darf überall mit rein. Ich habe übrigens auch einen Schwerbehindertenausweis, das hilft den Leuten dann auch mich besser zu verstehen. Wenn du denen einfach sagst, dass du Autist bist, gucken die dich an, wie ein Auto.«

Ich bin erstaunt. Da sitzt jemand, der von sich selbst behauptet, dass neue Situationen für ihn eine immense Herausforderung darstellen und doch, hier sind wir, in einem fremden Land, weit weg von zu Hause. Ich frage ihn, wie das überhaupt zusammen geht. Wortlos steht er kurzerhand auf und als ich denke, dass ich ihn mit meiner Frage beleidigt habe, kehrt er mit einem Stapel DIN-A4-Seiten in Plastikhüllen in der Hand zurück. »Hier«, sagt er und reicht mir den Stapel, »das ist meine Planung.« Ich blättere durch die Folien und überfliege die Seiten, es sind etwa zwanzig oder dreißig.

Zunächst einmal gibt es eine Etappenplanung mit den Start- und Endpunkten und der Kilometeranzahl, ähnlich wie die, die ich selbst auch angefertigt habe. Nur wurden hier nicht nur die Abfahrtszeiten von Bussen, Zügen und Schiffen ergänzt, sondern auch kleine grafische Darstellungen derselben eingefügt. Es folgen seitenweise Kartenmaterial mit Ausschnitten von Google Maps, immer dabei die Zeitangaben und die Laufroute. Wichtige Teilabschnitte wurden noch einmal abfotografiert und um oder über den gröberen Kartenausschnitt gelegt. Auch Drohnenfotos der Campingplätze, sowie deren Öffnungszeiten und Preise finden sich gleich daneben. Auf den weiteren Seiten lese ich Öffnungszeiten von Supermärkten, Apotheken und Tierärzten in jeder noch so kleinen oder großen Ortschaft. Besonders wichtige Uhrzeiten wurden rot umrandet, örtliche Taxi-Unternehmen markiert. Ich bin verblüfft und beeindruckt, aber auch etwas verwirrt. Ist das in Zeiten von immerwährendem Internetzugang überhaupt noch nötig? Und gibt es nicht dafür genau Wander- und Reiseführer? Ich spreche meine Gedanken laut aus und Frank sagt leise: »Ich kann lesen, wie man da von A nach B kommt, aber das ist fremd. Das hat ein anderer gemacht als ich. Ich muss es selbst lesen, aufschreiben, verstehen. Meine Welt ist nur so groß, wie ich sie verstehe. Ich gucke in diese Seiten ja meistens eh nicht mehr rein, weil ich dann bereits alles im Kopf habe. Es ist meine persönliche Sicherheit, die ich gar nicht benötige. Ich erlebe viele böse Überraschungen. Wieso soll ich mir das nicht ein bisschen erleichtern? Das nimmt mir den Schrecken.« Ich nicke. Es ist faszinierend, mit welch unterschiedlichen Voraussetzungen Menschen ihr Leben bestreiten.

Ich erzähle ihm, dass ich Lehrerin bin und frage ihn, welche Tipps er Lehrkräften gibt, wenn er zu ihnen in die Schule kommt. »Also ich lasse mir immer eine Stunde zeigen und dann schaue ich, an welchen Stellen jetzt eine Anpassung nötig ist, damit auch das autistische Kind gut lernen kann. So allgemeine Hinweise sind zum Beispiel neutrale Kleidung, ein aufgeräumtes Klassenzimmer und so weiter. Die im Unterricht entstandenen Bilder, Karten und Lernergebnisse können schon im Klassenzimmer aufgehängt werden, aber eben hinter dem Kind. Also so, dass es mit dem Rücken dazu sitzt und nicht abgelenkt wird. Ich habe zum Beispiel einmal bei einer Lehrerin hospitiert, die einen besonders aufwendigen Rock anhatte. Der war ausgestellt wie ein Petticoat und darauf waren in knallbunten Farben die Köpfe der Königsfamilie abgedruckt. Ich kann dir genau sagen, welche Farben der hatte und wer darauf abgebildet war, aber an die Unterrichtsstunde erinnere ich mich absolut nicht. Das musst du halt bedenken, wenn du in deiner Klasse ein autistisches Kind unterrichtest. Das Kind wird sich bei solch einer Ablenkung niemals auf die Unterrichtsinhalte konzentrieren können.«

»Das ist ein ziemlich gutes, anschauliches Beispiel«, sage ich und stehe auf, um meine nicht mal halb geleerte Portion Nudeln auf dem Tisch abzustellen. Der Schmerz schießt mir wieder einmal in den Knöchel.

»Ich sehe, dass du humpelst. Hast du dich verletzt?« Ich erzähle ihm von meinen Schmerzen und meiner Vermutung eines entzündeten Nervs in der Fußunterseite. »Du musst die Waden gut dehnen«, rät er mir, »hier, ich helfe dir. Leg mal deinen Fuß hoch!« Er rutscht zu mir herüber und zieht gleichzeitig einen anderen Stuhl an meinen heran, dass ich meinen linken Fuß darauflegen kann. Dann legt er vorsichtig seine Hand unter meine Zehen und schiebt sie Richtung Schienbein, sodass ich eine Dehnung in der Wade spüren kann. Auf meiner bisherigen Wanderung habe ich es tatsächlich schwer vernachlässigt, mich zu dehnen. »Ich habe auch ein paar Bachblüten dabei, wenn du magst.« Ehe ich sagen kann, dass ich daran nicht glaube, ist Frank schon aufgesprungen und kommt mit einer Auswahl verschiedener Fläschchen zurück. Ich lasse mir die Inhaltsstoffe aufzählen und denke mir, es wird wohl auch nicht schaden. Mir werden ein paar Tropfen einer geheimnisvollen Blütenmischung in meine Wasserflasche gemischt und ich scherze, ob denn auch wirklich nur die vom Vollmond beschienenen Blüten genommen wurden. Frank lacht nicht über meinen Witz. Er sagt mit ernster Miene: »Ich denke wir können uns von alternativer Medizin viel abschauen.« Ich runzele unbemerkt die Stirn und trinke vom fragwürdigen Blütenwassergebräu. Es schmeckt nach nichts. Wahrscheinlich waren die Blüten noch nicht reif, denke ich und unterdrücke ein Grinsen. »Ich kann dir auch eine Fußreflexzonenmassage geben«, behauptet Frank stolz, »oder ist das auch Humbug in deinen Augen?« Kurz zögere ich, mir von einem fast Fremden die Füße massieren zu lassen, dann sage ich, dass er es ja mal probieren könne. Und fast bereue ich meine Entscheidung wieder, als Frank auf ein paar Punkte unterhalb meiner Fußsohle drückt. Als er die schmerzhafte Stelle im Bereich der Ferse erwischt, ziehe ich den Fuß reflexartig zurück. »Du musst schon kurz stillhalten«, wirft Frank lachend ein und ich ertrage es wenige Minuten mit schmerzverzerrtem Gesicht, ehe ich beschließe, dass ich für diese Art der Therapie wohl noch nicht bereit bin.

Den Rest des Abends unterhalten Frank und ich uns über so manches. Er erzählt mir von seiner Frau, seinem Sohn und seiner kranken Mutter, um die er sich kümmert. Ich erzähle von meiner großen Familie, meinem Leben in Berlin und meinem Wunsch nach einem Hund. Natürlich tauschen wir auch unsere Traumreiseziele aus. Wir wissen es jetzt noch nicht, aber wir werden nicht nur morgen zusammen wandern, wie wir es in diesem Augenblick gerade verabreden, sondern auch einen beachtlichen Teil des gesamten Olavsweges. Frank wird mir ein guter Freund werden, auch noch lange, nachdem wir wieder in Deutschland angekommen sind.

»Was würdest du mir bitte sagen, wie ich von hier aus weitergehen soll?« sprach Alice. »Das hängt zum größten Teil davon ab, wohin du möchtest«, sagte die Grinsekatze. »Ach, wohin ist mir eigentlich gleich...«, sagte Alice. »Dann ist es auch egal, wie du weitergehst«, erwiderte die Katze.

Lewis Carroll, Alice im Wunderland

Tag 8 – Wendepunkte

▶ 22,6 km ▲ 543 m ▼ 671 m ⚲ Lillehammer

Völlig erschöpft komme ich an meinem Tagesziel an: *Gjestebu Lillehammer*. Doch, wo eine Pilgerunterkunft sein sollte, ist keine. Ich überprüfe die Adresse in meinem Wanderführer mit meinem Handy und den Straßenschildern, nur um erneut frustriert festzustellen, dass alles seine Richtigkeit hat. Allerdings prangt die Hausnummer auf der glatten Fassade eines gewöhnlichen Einfamilienhauses. Eine Frau kniet am Rande des angrenzenden Gartens und zupft Unkraut aus einem Blumenbeet.

»Entschuldigung«, sage ich auf Englisch, »sollte hier nicht eine Pilgerherberge sein?« Die Frau hält inne und blickt über die Schulter zu mir herüber.

»Die gab es einmal«, antwortet sie, »aber die ist seit fast zwei Jahren geschlossen.« Ich schnaufe. »Versuch' es doch mal unten im Ort, da gibt es eine Jugendherberge.« Mit diesen Worten wendet sie sich wieder ihrer Gartenarbeit zu und ich bedanke mich höflich. Widerwillig und mittlerweile richtiggehend missgelaunt mache ich mich auf den Rückweg zum Bahnhof. Dort hatte ich vorhin tatsächlich eine Jugendherberge gesehen und nun hoffe ich auf ein freies Bett.

Lillehammer ist eine winzige Touristenstadt und hat vor allem durch die Olympischen Winterspiele 1994 Berühmtheit erlangt. Hauptattraktion ist die Skischanze, die sich am Rande der Stadt ehrwürdig aus dem Stadtbild erhebt und in der sommerlichen Umgebung etwas deplatziert wirkt. Die Fußgängerzone in der Innenstadt ist ein Besuchermagnet und so dränge ich mich durch die von Touristen gefüllte Menschenmenge. Die Jugendherberge befindet sich im zentralen Gebäude des Bahnhofs, sodass ich vom Foyer aus auf die Gleise des Bahnsteigs schauen kann.

Die Frau an der Rezeption begrüßt mich auf Norwegisch und ich frage auf Englisch, ob sie noch ein freies Bett für die Nacht hätten. Sie blickt mich entschuldigend an.

»Wir sind leider komplett ausgebucht.«

»Haben Sie eine Empfehlung, wo ich vielleicht sonst übernachten könnte?«

»Aufgrund des Feiertages sind vermutlich viele Zimmer belegt. Ich könnte einige Pensionen anrufen und es versuchen.« »Das wäre nett«, entgegne ich. Sie nickt und bittet mich Platz zu nehmen.

Ich hole mir einen Tee und einen Schokoriegel an der Bar und wähle einen Platz, von dem aus ich die Anzeigetafel des Bahnhofs sehen kann. Neben allerlei kleinen Ortschaften in Norwegen sind auch die großen Städte, mitsamt der Abfahrtzeiten der Züge darauf abzulesen. Die Stadt Bergen an der Westküste, Oslo, von wo aus ich vor einigen Tagen losgelaufen bin und Trondheim, der Ort, an den mich diese Pilgerreise bringen soll. Ich könnte zurück nach Hamar, in die Stadt, die mich mit ihrer Atmosphäre so verzaubert hat. In diesem Moment kommt es mir vor wie eine Verheißung, das Versprechen eines Urlaubs ohne Schmerzen, stundenlanges Laufen, dafür nur Faulenzen und die Sonne genießen. Und ich stelle mir vor, wie ich aufstehe und an den Ticketschalter gehe, um mir eine Fahrtkarte zu kaufen.

»Excuse me!« Meine Gedanken werden abrupt unterbrochen. »Excuse me!", heißt es erneut und die Frau an der Rezeption bedeutet mir, zu ihr zu kommen. Sie hat eine Pension aufgetan, die noch ein Zimmer zur Verfügung hat. Es sei nur etwas außerhalb der Stadt, aber für mich als Pilgerin seien die wenigen extra Kilometer ja sicher kein Problem. Ich knirsche unhörbar mit den Zähnen bei diesen Worten. Ich blicke noch einmal auf die Anzeigetafel. Der Zug nach Trondheim fährt in zehn Minuten ab. Nach einer gefühlten Ewigkeit oder vielleicht auch nur einem Atemzug, wende ich mich wieder der Rezeptionistin zu und lasse mir den Weg zur Unterkunft erklären.

An meinem Ziel angekommen, spüle ich den Tag mit einer langen Dusche ab und hinterher ein großes Stück Pizza mit einem Bier hinunter. So sitze ich satt und einigermaßen zufrieden auf der Terrasse der Pension und schaue den Nachbarskindern beim Spielen im Garten zu. Es ist doch immer wieder erstaunlich, wie viel besser die Laune mit einem vollen Magen und nach einer Dusche ist. Eine Frau tritt hinter mir aus der Tür und zündet sich eine Zigarette an. Klein und sehr dünn, mit langen Haaren und Fingern setzt sie sich neben mich und zieht genüsslich an der Zigarette. Sie begegnet meinem Blick.

»Möchtest du auch eine?« Sie hält mir die Packung entgegen und ich ziehe eine Zigarette aus der Verpackung. »Danke«, sage ich.

»Kein Problem«, erwidert sie, »wir Raucher sterben aus. Wir müssen zusammenhalten.« Ich lächle flüchtig und werde bei diesen Worten unwillkürlich an meine Mutter erinnert.

»Was machen Sie hier in Lillehammer?«, frage ich die Frau interessiert und ziehe an meiner geschenkten Zigarette.

»Ich bin Krankenschwester«, sagt sie. »Eigentlich komme ich aus Island.«

»Island?«, frage ich überrascht? »Wow! Was machst du denn hier in Norwegen?«

»Es gab hier dieses Jobangebot«, erklärt sie mir, »und als Island noch in der Finanzkrise steckte, war es nicht leicht mit dem Arbeiten dort, weißt du. Mittlerweile ist es besser geworden. Aber ich bleibe noch eine Weile hier, habe ich beschlossen.« Ich stehe auf, um einen Aschenbecher vom Nebentisch zu holen, wobei mein Fuß mal wieder unweigerlich rebelliert.

»Alles in Ordnung?«, fragt die Frau, als sie bemerkt, wie ich vor Schmerzen mein Gesicht verzerre und die Stirn ihres blassen Gesichts legt sich in Falten.

»Ja, ja, alles okay«, sage ich und nehme mit dem Aschenbecher in der Hand wieder Platz. »Ich habe irgendetwas mit meinem Fuß. Ich kann schlecht auftreten. Das kommt wohl von den Schuhen.« Mit der Zigarette im Mund, kämmt sie sich die langen roten Haare aus dem Gesicht und bindet sie zu einem

Pferdeschwanz zusammen. Nachdem sie noch einen weiteren, langen Zug genommen hat, sagt sie: »Steh mal bitte auf und geh ein paar Schritte.« Ich zögere. »Na los. Nur ein paar Schritte«, fordert sie mich auf. Etwas unschlüssig drücke ich meine Zigarette im Aschenbecher aus und stehe auf. Jeder Schritt ist unangenehm und ich kann fühlen, wie ich dem Schmerz ausweiche und den Fuß falsch belaste. Als ob man auf einer Seite Zahnschmerzen hat und auf der anderen Seite kaut, mit dem Wissen, dass man eine Heilung dadurch womöglich verhindert, keinesfalls aber herbeiführt, sondern lediglich verzögert.

»Du gehst ja auch völlig falsch«, diagnostiziert sie mir kurzerhand. »Hier, komm mal her«, fordert sie weiter und nimmt meine Hände in ihre.

Wir stehen uns gegenüber. Rückwärts laufend gibt sie das Tempo vor und ich folge ihren Bewegungen. »Es ist wichtig, dass du deinen ganzen Fuß benutzt. Und nicht steif werden im Rücken. Das strahlt bis in deine Beine und deine Füße aus. Alles ist miteinander verbunden.« Sie legt ihre Hände an meine Hüften. »Du musst bei jedem Schritt deine Hüften mitnehmen und denk wirklich daran, den Fuß abzurollen, bevor du den nächsten Schritt machst.«

Ich folge ihren Anweisungen und konzentriere mich auf meine Schrittfolge und die Fußbewegung. Mit Erstaunen muss ich nach ein paar Minuten feststellen, dass es zu funktionieren scheint. Ich laufe zwar sehr viel langsamer, aber bedächtiger und der Schmerz in meinem Fuß ist auf diese Weise merklich schwächer.

»Wahnsinn!«, entfährt es mir. Die Frau muss lachen. »Wie kann etwas Einfaches, so hilfreich sein?«, frage ich verwundert. Die Frau nimmt einen letzten Zug und drückt dann langsam ihre Zigarette aus.

»Ich glaube wir haben in der heutigen Zeit das Gefühl für die Langsamkeit verloren«, sagt sie nachdenklich. »Uns geht es um Leistung, ums Erreichen, darum schneller zu sein, als andere, als wir selbst. Wir sind im Kampf mit und gegen uns selbst. Das tut uns nicht gut. Bis unser Körper uns Bescheid sagt. Nur meistens ist es dann leider zu spät. Das Burnout ist da oder die Entzündung bereits ausgebrochen.«

Ich denke über ihre Worte nach und stelle sie in Zusammenhang, mit dem was ich hier mit mir und meinem Körper mache. Die Reise war als Herausforderung gedacht. Eine Prüfung meiner körperlichen und mentalen Leistungsfähigkeit. Um die Pilgerung im spirituellen oder gar religiösen Sinne ging es mir nicht. Ich spüre, wie ich mich bei der Frage ertappe, ob ich wohl aus den falschen Motiven pilgere und fühle mich ein bisschen als Heuchlerin, wenn ich an die religiöse Zeremonie zurückdenke, die für mich in Oslo abgehalten wurde.

»Laufen ist die urmenschlichste Form der Fortbewegung«, fährt die Frau fort, »und ist uns in die Wiege gelegt. Du musst nur die Achtsamkeit wiederfinden.« Sie lächelt mich auffordernd an und steht auf. Bevor sie zurück ins Haus geht, dreht sie sich noch einmal um und sagt: »*God tur!*« Wörtlich übersetzt bedeutet es »Gute Reise«, in der Pilgersprache aber soll es vor allem eine sichere und lehrreiche Wanderung bedeuten.

»Nach Gestern zurückzugehen wäre ja ganz unnütz, weil
ich da jemand anders war.«

Lewis Carroll, Alice im Wunderland

Tag 9 – Ein bisschen von allem

▶ 24 km ▲ 1067 m ▼ 755 m ⚲ Gudbrandstal

Einen Tag später folge ich mit nunmehr deutlich
langsameren Schritten dem Pilgerweg weiter Richtung
Trondheim. Immer wieder rufe ich mir die Hinweise der
Isländerin in Erinnerung und bete sie mir mantraartig vor. In
diesem beinahe meditativen Zustand nehme ich den Schmerz
langsam aber sicher nur noch dumpf war und konzentriere mich
auf den Laut meiner Schritte auf dem jeweiligen Untergrund.
Ein stumpfes Bumm-Bumm auf Asphalt, ein Knacken und
Rascheln auf Waldpfaden und das schlurfende Geräusch von
Kies auf Schotterwegen. Die Waldpfade habe ich am liebsten.
Der Wald bietet in der Regel Schatten und es gibt immer etwas
zu Entdecken. Dabei muss ich wachsam sein und den Boden
genau beobachten, um nicht zu stolpern oder umzuknicken. Die

Sportschuhe enden unterhalb meiner Knöchel und böten mir im Falle einer Unachtsamkeit kaum Schutz vor einer Verletzung. Das ungleichmäßige Gehen und die kleinen Hindernisse nehme ich an, wie ein Kind, das auf gepflasterten Wegen den Rillen zwischen den Steinen ausweicht. Die Asphaltstraßen sind dagegen in der Regel von Autos befahren und ich finde nur selten Schutz vor der Sonne. Mit den Wanderschuhen war es eine Qual länger als ein paar Minuten auf diesem ungnädig harten Untergrund zu laufen. Doch gestaltet sich dies mit meinem neuen Schuhwerk wesentlich angenehmer und ich schätze die weiten Blicke, die sich mir immer wieder bieten. Die Schotterstraßen mag ich am wenigsten. Sie sind meist an Felder und Waldwirtschaft angeschlossen und relativ öde. Doch bedürfen sie keiner besonderen Aufmerksamkeit und so komme ich auf ihnen am ehesten dazu nachzudenken. Meist beschränken sich diese Gedanken auf die gegenwärtig dringendsten Bedürfnisse, also Hunger, Durst, Müdigkeit und Toilettendrang (und bis vor kurzem: Schmerzen). Doch heute kehre ich gedanklich in die Wartehalle des Bahnhofs in Lillehammer zurück.

Wieso bin ich nicht in den Zug nach Trondheim gestiegen? Was hat mich abgehalten? Woher kam die Kraft weiterzugehen? Oder war es Trotz? Ich muss mir eingestehen, ein vorzeitiges Ende der Pilgerreise hätte ich als Kapitulation empfunden.

Aufgeben widerstrebt dem Grundsatz meiner Persönlichkeit und ist mir zutiefst zuwider. Ich empfinde es als Scheitern. Dem etwas Befreiendes abzugewinnen, kam mir dabei bisher noch nicht in den Sinn. Ich frage mich, wem ich hier etwas beweisen will. Schnell wird mir bewusst, dass ich es nicht nur selbst bin. Als ich das Wandern für mich entdeckte, befand ich mich an einem Punkt, an dem ich mich fragte, was mir in meinem Leben wohl beschert ist. Mit dem Wandern suchte ich nach einem Sinn, oder anders ausgedrückt, nach einer Aufgabe in meinem Leben. Ich war gerade 32 geworden und beobachtete, dass um mich herum alle heirateten und Kinder bekamen. Sie folgten dem Lauf des Lebens, zumindest so, wie ihn sich die meisten Menschen vorstellen. Ich hatte eine schmerzhafte Trennung zu verdauen und war weit davon entfernt, einen dieser Schritte zu gehen. Und so entschied ich mich dazu, mein Leben, oder zumindest die nächsten Jahre dem Wandern zu widmen. Ausschlaggebend war dann ein Buch, welches mir meine Mutter schenkte und ausgerechnet 32 Trails beinhaltet, die sich über den gesamten Globus verteilen. Glückszahl 32. Ich nahm mir vor, sie alle zu erwandern.

Ich gehöre zu den Menschen, die, wenn sie sich etwas vornehmen, es durchziehen. Diese Eigenschaft mag bisweilen positiv besetzt sein, gilt man doch als zielstrebig und ehrgeizig. Doch manchmal zahlt man dafür einen recht hohen Preis. Auf einer Wanderung durch die Vikosschlucht in Griechenland habe ich einmal einen Freund, der ein unerfahrener Wanderer ist und sich erst ein Jahr zuvor von einem Herzinfarkt erholt hatte, allein den Rückweg antreten lassen, nur weil ich den Weg beenden wollte. Er hatte sein Handy unterwegs verloren und wollte zurück, um es zu holen. Der Weg in die über 450 Meter tiefe Schlucht führte über Treppen und es war klar, wir würden das Ziel nicht vor Sonnenuntergang erreichen, wenn wir die ursprünglich geplante Route nähmen. Also trennten wir uns und er musste allein die vielen Treppenstufen hinauf. Hinterher erzählte er mir, dass er, als wir uns trennten, kaum noch Wasser gehabt hatte, doch mich nicht beunruhigen wollte. Ich ging weiter und er wollte dann mit einem Taxi zum Zielort fahren, wo wir uns verabredet hatten. Als ich an dem Tag mit den buchstäblich letzten Sonnenstrahlen auf Robert zuwanderte, hatte er dort bereits gesessen und auf mich gewartet. Er wollte nicht, dass ich im Dunkeln ankomme und mich womöglich verlaufe. Mir wurde schlagartig bewusst, gegen welch ungeschriebenes Gesetz ich verstoßen hatte. Seinen Wanderpartner lässt man nicht allein zurück. Ich schäme mich heute für meine Entscheidung damals.

Eine Wanderung auf dem *Sentiero Azzurro* habe ich sogar teilweise auf Krücken begangen, nachdem ich mir einen Muskelbündelriss in der Wade zugezogen hatte. Nur, weil ich es mir in den Kopf gesetzt hatte, diesen Weg zu gehen. Es war ein relativ gut befestigter Pfad, der immer am Meer entlang durch die italienische Cinque Terre führt. Alle haben mich für verrückt erklärt, aber ich habe es trotzdem gemacht und alle Zweifler Lügen gestraft. Ist es also mein Ego, das mich antreibt? Steckt mehr Eitelkeit darin, als mir lieb ist? Was ist schlimm daran, aufzugeben?

Ich bin als älteste von sechs Geschwistern aufgewachsen und habe schnell das Gesetz des Stärkeren begriffen und mir zu eigen gemacht. Für eine Frau recht groß gewachsen und mit einer klaren und starken Stimme hatte ich selten Probleme mir Gehör zu verschaffen. Liefen die Dinge nicht so, wie ich es wollte, habe ich nicht lockergelassen, bis sie es taten. In meinen Beziehungen hatte ich Schwierigkeiten Schwäche zu zeigen oder Kompromisse einzugehen. Das ist heute nicht anders. Schwäche zeige ich eigentlich nur vor meinen Freunden, bei denen ich nicht das Gefühl habe, in eine Konkurrenzsituation zu gelangen. Das macht zwangsläufig unabhängig, aber auch einsam. Das Problem ist vermutlich, dass ich zu lange für mich allein verantwortlich bin und Entscheidungen selten mit jemandem absprechen muss. Ist das doch einmal der Fall, fühle ich mich schnell unterdrückt und erlebe Kompromisse als Niederlage. Keine besonders angenehme Charaktereigenschaft, oder? Meine Stärke im Team ist mein Aktionismus. Ich war immer und bin heute mehr denn je eine Macherin. Probleme sind dazu da, um aus der Welt geschafft zu werden. Diskussionen erlebe ich meist als überflüssig, zumindest dann, wenn ich mein Gegenüber nicht von meiner Meinung überzeugen kann. Dabei halte ich meinen Weg selten für den »richtigen«, sondern häufig für den einzig logischen.

Der »richtige« Weg wäre wahrscheinlich gewesen, in Lillehammer in diesen Zug zu steigen und nach Trondheim zu fahren oder zurück ins schöne Hamar. Dort den Rest der Ferien zu verbringen und den Fuß abheilen zu lassen. Doch für wen wäre diese Entscheidung die »richtige« gewesen? Für meinen Fuß vielleicht. Sicherlich nicht für mein Ego. Rückblickend war es dennoch die »richtige« Entscheidung, um einmal bei dieser Formulierung zu bleiben. Ich habe einmal gelesen, dass nahezu alle Pilger mindestens einmal an den Punkt kommen würde, an dem sie aufgeben wollen. Als müsste man sich ein zweites Mal für die Pilgerreise entscheiden. Einmal zu Beginn, noch bevor der erste Schritt gemacht wurde und ein weiteres Mal, wenn es schwierig wird oder die Umstände das Weitergehen aussichtslos erscheinen lassen.

Während ich weiter durch die alles andere als typisch norwegische Mittagshitze wandere, fließen die Gedanken durch meinen Kopf. Dabei stoßen sie häufig andere Gedanken an und so komme ich nie zu einer Antwort oder einem Ergebnis. Aber es stört mich auch nicht, habe ich doch bisweilen auch Angst genau davor. Was, wenn es doch die falsche Entscheidung war? Denn – Überraschung! – das kommt ja, trotz meines Ein-Personen-Komitees durchaus vor.

Rechts und links meines mittlerweile geteerten Weges stehen typisch norwegische Holzhäuser in allen erdenklichen Farbkombinationen. Orange und blau, rot und grün, gelb, weiß und in verschiedenen Variationen aus all den genannten Farben.

An einem Haus mit gelber Fassade und weißen Verzierungen steht eine Frau im Blaumann und streicht die Fensterläden. Aus einem Lautsprecher ertönt lateinamerikanische Musik und sie wippt beschwingt im Takt mit. Ich fühle wie der Rucksack, trotz hitzeregulierender Netzbespannung an meinem Rücken klebt und der Schweiß sich unter den Trageriemen sammelt. Auch meine Stirn ist unter der Schirmmütze nassgeschwitzt und ich atme ob der prallen Sonne etwas schwerer. Im Augenwinkel sehe ich, wie sich jemand hinter mir in Bewegung setzt und die Arme über dem Kopf hin und her schwenkt. Die Person ruft etwas, das ich aufgrund der lauten Musik nicht hören kann. Endlich bleibt mein im gleichmäßigen Rhythmus schwingender Körper stehen und dreht sich um. Es ist die Frau, die eben noch ihre Fensterläden gestrichen hat. In der Hand, in der sie zuvor noch den Pinsel gehalten hatte, hält sie nun ein in buntes Plastikpapier gehülltes Etwas.

»Hey, möchtest du ein Eis?«, fragt sie auf Englisch, nun nahe genug herangekommen, dass ich sie verstehen kann. Verdutzt bleibe ich reglos stehen. Vielleicht ist es auch die Hitze, die meine Reaktionsgeschwindigkeit gerade auf ein Minimum reduziert hat. Dann aber gewinne ich die Fassung wieder, lächle nickend und strecke die Hand aus. »Das gibt's für alle Pilger. Du hast Glück, es war mein letztes für heute. Ich fahre aber gleich noch einmal los und hole Nachschub.«

Ich nehme ihr das Eis ab, starre darauf und bin perplex. Ich habe schon erlebt, wie mir Wasser angeboten wurde oder Autofahrer neben mir stehen blieben, um mich nach meinen Absichten zu befragen. Aber jemand, der mit einem Eis hinter mir herläuft, ist neu.

»Danke! Das ist unglaublich nett von dir«, bringe ich endlich heraus »und tut echt gut bei dem Wetter«.

»Ich glaube es ist der heißeste Sommer, den ich hier je erlebt habe«, bestätigt mir die Frau. Sie ist jung, vielleicht Ende zwanzig oder Anfang dreißig und hat blonde Haare. Wie fast alle Menschen hier. Ein norwegisches Weißblond, welches elfengleich mit der hellen Haut harmoniert.

»Ein schönes Haus hast du«, sage ich und wickle das Eis aus der Verpackung. Sie klebt etwas daran, aber schließlich kommt ein bunt gestreiftes Fruchteis zum Vorschein, das eine süße Erfrischung verspricht.

»Danke. Eigentlich ist es nicht meins. Ich habe es von meinen Eltern übernommen und renoviere es. Ich werde es wohl verkaufen.« Nachdenklich stützt die Frau ihre Hände in die Hüften und blickt über ihre Schulter zum Haus.

»Hast du vielleicht Interesse an einem Haus irgendwo im Nirgendwo?«

Ich habe mittlerweile einen Bissen vom Eis genommen und lache spontan. Mit dem kalten Bissen im Mund jonglierend erkläre ich:»Ach weißt du, momentan gewöhne ich mich gerade an mein Nomadenleben. Vielleicht in ein paar Jahren.« Sie schaut mich an und lächelt interessiert.

»Ja, so richtig habe ich euch Pilger noch nicht verstanden. Lauft euch hier qualmende Sohlen. Für mich sieht es eher nach Anstrengung als nach Erholung aus. Oder bist du auf einer spirituellen Suche?« Sie legt den Kopf etwas schief und wartet wohl auf eine Antwort.

»Na ja«, sage ich, nachdem ich das zu einem zuckrigen Brei geschmolzene Stückchen Eis hinuntergeschluckt habe, »ich weiß nicht, ob ich tatsächlich etwas suche. Aber wenn man noch nicht weiß, wohin man will, ist es doch besser ein bisschen herumzulaufen und zu schauen anstatt stehenzubleiben, oder?« Ihr Lächeln wird breiter.

»Das muss wohl so sein.« Dann greift sie in ihre Tasche und holt einen Autoschlüssel hervor. »Na gut, ich werde dann mal los und dafür sorgen, dass alle anderen Herumlaufenden hier zumindest ein Eis finden, wenn auch nicht eine Antwort auf die Frage, nach dem Sinn des Lebens.« Ich grinse und strecke die Hand mit dem Eis in die Luft.

»Vielen Dank noch mal dafür. Und viel Glück beim Verkauf!«

»Danke«, gibt sie zurück, »und pass gut auf dich auf!« Dann steigt sie in einen Pick-up, die Art von Auto, die ich hier massenhaft registriere, und entfernt sich knatternd in die entgegengesetzte Richtung. Noch von der außergewöhnlichen Begegnung in Beschlag genommen, setze ich mich langsam wieder in Bewegung. Selten bin ich Menschen offener begegnet und habe schneller Kontakte geknüpft, als auf Wanderschaft. Und dabei meine ich nicht zwangsläufig die Pilgergemeinde.

Der Weg steigt nun etwas an und die Nachmittagshitze hat sich vollends auf die asphaltierte Straße gelegt. Wie eine dunkelgraue, dampfende Suppe, durch die ich waten muss, denke ich. Hinter einer Kurve, nach einer schmalen Allee kann ich eine kleine Siedlung erkennen. Normalerweise bahnt sich zuerst immer die Kirchturmspitze einen Weg durch die dicht gedrängten Häuser des Dorfkerns und markiert das Ende der Tagesetappe. Da ich aber einen Berg hochwandere, ist von einer Kirche nichts zu sehen und so erblicke ich zunächst ein großes, weißes Schild auf dem *Skåden Gard* steht. Mein Tagesziel. Das

Schild führt zu einem Grundstück mit einem Ensemble an kleinen Holzhäusern. Tatsächlich befinden sich viele Pilgerunterkünfte auf alten Bauerngehöften. Diese bestanden früher meist aus einem Wohnhaus, dem Haus für die Bediensteten, den Ställen, einem Silo und weiteren Nebengebäuden, die als Lager oder Werkstätten dienten. Heutzutage werden die Gebäude anders genutzt. Am Rande des Pilgerweges eben als Herberge mit Schlafzimmer oder -koje, Küche und modernem Badezimmer oder andernorts im früheren Stil erhalten als Museumsdorf.

Ich lade meinen Rucksack an der erstbesten Bank ab und schnaufe einmal durch. Da flitzt plötzlich ein Hund bellend an mir vorbei, schlägt einen Haken und rennt geradewegs auf mich zu. Ein Jagdhund mit rostbraunem Fell und langen Schlappohren. Ich erkenne, dass er mir freundlich gesinnt ist, gehe in die Hocke und begrüße den aufgeregten Gastgeber. Während der noch schwanzwedelnd mit der genaueren Inspektion meines Rucksacks und meiner Person beschäftigt ist, tritt eine dunkelhaarige Frau durch die Tür des größten der vier Häuser. Auf ihrem freundlichen Gesicht breitet sich ein großes Lächeln aus.

»Herzlich Willkommen!«, sagt sie auf Norwegisch und wechselt dann ins Englische. »Sie sind aber früh dran«, stellt sie fest. »Kommen Sie nicht aus Lillehammer?«

»Doch«, antworte ich, »aber scheinbar bin ich gut durchgekommen. Der Weg war nicht sehr schwierig heute.« Ich verlagere mein Gewicht auf das gesunde Bein und lasse den Blick schweifen. »Wirklich ein besonderer Ort«, sage ich anerkennend.

»Danke sehr!« Das Lächeln der Frau wird noch ausgedehnter, wenn das überhaupt möglich ist. »Der Hof ist seit über zwei Jahrhunderten in Familienbesitz und existiert seit 1335. Wir haben sogar ein kleines Museum. Du kannst es dir später anschauen, wenn du möchtest.« Ich schaue hinunter zu meinem kaputten Fuß, der mir heute deutlich weniger Schmerzen bereitet als die letzten Tage. Dennoch verspüre ich plötzlich den starken Wunsch nach einem kalten Getränk und einem Ort zum Ausruhen. Die Frau bemerkt mein Zögern und ergänzt lachend: »Die meisten Pilger wollen aber erst einmal duschen. Komm, ich zeige dir, wo du heute schlafen wirst.«

Ich lächle sie erleichtert an und nicke. Dann wuchte ich meinen Rucksack auf die linke Schulter und folge ihr. »Du kannst wählen, ob du im Schlafsaal übernachten willst oder in einer kleinen Hütte. Der Preis ist derselbe. Im Schlafsaal haben sich bisher nur zwei Frauen angemeldet, aber womöglich kommt später noch jemand dazu.« Sie führt mich zunächst auf dem Hof herum und zeigt mir die Duschen und die Küche, die sich im zweitgrößten Haus des Hofes befinden. Darüber ist in einer zweiten Etage der Schlafsaal mit fünf Doppelstockbetten.

Dann führt sie mich zum kleinsten Gebäude auf dem Hof. Über dem Eingang ist das Wort *doll* eingeritzt und passender könnte der Name für dieses Häuschen nicht sein. Eine Art überbreite Hühnerleiter führt hinauf in das puppenstubenartige Innere. Das Haus besteht nur aus einem Zimmer mit zwei winzigen Betten, die kaum länger sind als ich selbst und von denen ich ahne, dass sie mir eine kurze Nacht bescheren werden. Trotzdem entscheide ich mich für das Puppenhaus und bekomme einen überdimensional großen Schlüssel gereicht. Jetzt fühle ich mich wirklich, wie Alice im Wunderland. Die Hausherrin fängt meinen verdutzten Blick auf und lacht kurz auf.

»Das hier war früher das Silo. Mit seinen Nahrungsmitteln, die oft für ein Jahr reichen mussten, war es der wertvollste Besitz der Familie und wurde besonders gut geschützt. Der große Schlüssel konnte nicht so leicht verloren gehen und war immer in der Kochschürze der Hausherrin.« Sie klopft sich auf den Brustkorb und ergänzt: »Die Hausherrin trägt zwar keine Schürze mehr, aber alles Wertvolle bleibt trotzdem lieber in meiner Obhut als in der meines vergesslichen Mannes.« Sie zwinkert mir zu und wendet sich zum Gehen. Beim

Hinausgehen wirft sie mir noch hinterher, Bescheid zu geben, wenn ich etwas brauchen sollte.

Ich fühle mich spontan heimisch und nachdem ich geduscht und mich mit den wenigen Habseligkeiten eingerichtet habe, verbringe ich den Abend auf einer Bank mit Blick ins Gudbrandstal mit seinen saftig grünen Wiesen und dem türkisblauen Fluss, der sich seinen Weg mitten hindurch bahnt. Mit einer Portion Stampfkartoffeln im Magen, den Routenführer für die morgige Etappe durchblätternd und kaum noch Schmerzen im Fuß denke ich, dass es kaum jemanden auf der Welt geben kann, der gerade glücklicher ist als ich.

»Glaubst Du, ich habe den Verstand verloren?«, fragte Alice. »Ich fürchte, ja. Du bist übergeschnappt, hast eine Meise, bist nicht ganz bei Sinnen. Aber weißt Du was? Das macht die Besten aus!«, antwortete ihr Vater.

Lewis Carroll, Alice im Wunderland

Tag 10 – Wurstbrote

▶ 30,3 km ▲ 979 m ▼ 1309 m ♥ Fåvang

Die Nacht war kurz. Schon früh ist die Wärme des anstehenden Tages ins Holz der Hütte gekrochen und drängt mich zum Aufstehen. Die Etappe heute ist lang, aber verspricht Abwechslung. Den Rucksack bereits auf dem Rücken verabschiede ich mich früh von meiner Gastgeberin und mache mich auf den Weg. Ausgetretene Waldpfade, hochgewachsene Wiesen und weite Felder erwarten mich. Immer wieder steige ich über Zauntreppen, durchquere Schafsherden und folge Kuhweiden, Brücken und kleinen Flussläufen. Der Wald ist grün und lebendig. Ich rieche die harzige Baumrinde, das nach Erde duftende Moos und lausche Vogelgezwitscher und dem Sprudeln von Wasser. Ich bin berauscht von den verschiedenen

Grüntönen. Nie ist es dasselbe Grün und wenn es sich doch einmal ähnelt, unterscheiden sich Blattwerk oder Pflanzenstruktur derartig, dass es mit seinen individuellen Schattierungen doch nie nach derselben Farbe aussieht.

Da wachsen Farne in einem satten Grasgrün mit langen, fächerartigen Blättern. Wassertropfen ruhen auf der glatten Oberfläche wie Perlen in einem Austernbett. Wenn ich mich an den ausladenden Fächern vorbeidrücke, fließen die kleinen Wasserkugeln an meinen Beinen hinab und sickern in meine Socken. Wie Kleider einen Körper umhüllen Moose die graue Oberfläche. Mal weich, mal rau schimmern sie je nach Blickwinkel in Oliv- oder Braungrün. Trockenes Kraut in einem blassen Gelbgrün wuchert gierig über Felsen und umgestürzte Baumstämme. Flechten bedecken teppichartig den Boden ringsherum. Ihre mintgrüne Farbe und luftige Struktur erinnern an Zuckerwatte und ich folge dem Impuls und fahre mit den Fingern über die löchrigen kleinen Kugeln. Die dichtbewachsene Pflanzenvielfalt hat etwas Exotisches, als durchwanderte ich einen Dschungel. Heimische Fichten und Kiefern relativieren diesen Eindruck dann und holen den Dschungel wieder nach Mitteleuropa. Doch selbst die heimatlich vertrauten Bäume haben hier in Norwegen etwas Magisches. Erst wenige Tage zuvor hatte ich im Schatten einer gewaltigen, über 500 Jahre alten Kiefer gerastet.

Der Morgen hat sich mittlerweile zum Tag entfaltet. Ich habe bereits sechzehn Kilometer zurückgelegt und mein Körper verlangt dringend nach einer Pause. In Gedanken zähle ich auf, was ich Essbares dabeihabe. Auf jeden Fall sollten in meinem Rucksack noch Nüsse sein und viel zu viele von den Haferriegeln, die ich aus Deutschland mitgebracht hatte. Aber bei dem Gedanken daran, wird mir ein wenig übel. Die Riegel hatte ich bereits am dritten Tag nicht mehr sehen können. Hochkalorisch und damit sehr sättigend waren sie zwar praktisch, nur nicht sonderlich schmackhaft. Zumindest nicht, wenn man davon jemals mehr als zwei essen wollte. Leider hatte ich die Riegel vor Beginn der Reise nicht gekostet, sondern über zwei Kilogramm davon blind im Internet bestellt. Haferflocken und Honig konnten so falsch ja nicht sein, dachte ich. Doch nun kann ich keinen einzigen mehr davon essen und so schleppe ich sie durch den norwegischen Jahrhundertsommer, während ich sie mal hier, mal dort an einem Rastplatz oder in einer Herberge für den nächsten Pilger liegenlasse, manchmal mit einem freundlichen Gruß darauf. Später wird mir dieser Ruf vorausgeeilt sein, sodass ich in Trondheim Leute treffen werde, die mir erzählen, dass ihnen meine Riegel den Tag versüßt haben.

Ich umgehe kleinere und größere Steine, die mich zu einem achtsamen Wandern zwingen, und träume von süßen Kuchen, kühlen Limonaden und frischem Brot. Und dann, als ich gerade eine Anhöhe im Wald oberhalb des Tals erreiche und von Wurstbroten träume, stolpere ich buchstäblich über das Picknick zweier Wanderinnen. Sie sitzen am Rande des schmalen Pfades auf dem höchsten Punkt eines Hügels mit einem fantastischen Ausblick auf das Gudbrandstal. Neben ihnen liegen zwei Paar Wanderschuhe mit jeweils einem Paar Socken darauf und zwei große Wanderrucksäcke. Vor ihnen breitet sich eine beachtliche Ansammlung herzhafter Leckereien aus: ein Laib Brot, eine lange, dünne Salami, Butter, ein Glas mit eingelegten Gurken, zwei Dosen Bier, Schokolade und eine Packung Nüsse. Die beiden Frauen sitzen genüsslich kauend mit nackten Füßen auf dem Boden und beäugen mich neugierig.

»Hej«, sage ich etwas außer Atem und lächle. Mein Magen grummelt leise bei dem Anblick dieses Festmahls.

»Hej«, geben sie zurück.

»Ihr habt einen schönen Platz zum Rasten entdeckt«, sage ich und mein Blick wandert über das sich unter uns ausbreitende Tal.

»Ja, wir sind völlig fertig und brauchten dringend eine Pause«, antwortet die ältere der beiden Frauen. Sie sieht in der Tat sehr geschafft aus. Ihr graues Haar, das zu einem langen Zopf verflochten ist, wird von einem Stirnband zurückgehalten, was sie trotz ihres faltigen Gesichts jugendlich wirken lässt.

Sowohl auf ihrer Stirn als auch auf ihrer Kleidung haben sich Schweißflecken gebildet.

»Heute geht es wirklich ständig hoch und runter, nicht wahr?«, bemerke ich. Beide Frauen nicken zustimmend.

»Ich kann nicht glauben, dass dies ein Pilgerweg sein soll«, sagt die jüngere der beiden Frauen und schüttelt den Kopf. Mit ihren roten Haaren und ihrem ausladenden Körperbau hat sie etwas Mütterliches.

»Lauft ihr auch den Olavsweg?«, frage ich und wieder nicken beide. »Was dagegen, wenn ich mich zu euch setze?«

Einvernehmlich schütteln sie die Köpfe.

»Bitte, setz dich!«, bietet die Ältere an.

Ich setze meinen Rucksack ab und spüre, dass ich ebenfalls ordentlich ins Schwitzen geraten bin auf dem Weg hinauf. Mein T-Shirt klebt am Rücken und als ich die Schuhe ausziehe, sind meine Socken schweißnass.

»Wechselst du die nicht?«, fragt die rothaarige Frau und deutet auf meine Strümpfe. Ich schaue zu meinen Füßen hinunter und blicke sie dann fragend an. »Na, du bekommst doch Blasen an den Füßen, wenn du die Socken nicht regelmäßig wechselst. Durch die Feuchtigkeit hat der Fuß keine Reibefläche mehr und reibt sich an den Schuhen.«

»Oh«, bringe ich nur hervor und meine Achtlosigkeit ist mir etwas unangenehm.

»Wir wechseln in jeder Pause unsere Socken und hängen das andere Paar an den Rucksack zum Trocknen. Siehst du?« Sie deutet auf die Strümpfe, die scheinbar nur für den Moment auf die Wanderschuhe gelegt wurden. Ich habe von vielen Tricks und Kniffen gehört, wie Wanderer sich vor Blasen und anderen Verletzungen schützen. Einige ziehen zwei dünne Paar Socken übereinander, andere kleben die blasenanfälligen Stellen mit Tape ab und wieder andere schwören auf Schafswolle, die sie sich zwischen die Zehen stecken. Aber irgendwie habe ich wohl gedacht, ich sei die Ausnahme und bekäme keine Blasen. Schön blöd, hatte ich doch bereits mit einigen davon zu kämpfen gehabt.

»Ich weiß, dass es da die ein oder andere Herangehensweise gibt« sage ich, »aber ich fahre ganz gut mit meiner Methode«. Der letzte Satz ist geflunkert.

»Hast du Hunger?«, fragt die ältere der beiden unvermittelt. Ich blicke erneut über das verführerische Buffet und lächelnd bejahe ich ihre Frage. Offensichtlich erfreut über diese Antwort schnappt sie sich beherzt ein beeindruckend großes Taschenmesser und schneidet eine dicke Scheibe vom Brot, beschmiert diese üppig mit Butter und legt mehrere großzügig portionierte Scheiben von der Salami darauf. Als sie mir das fertige Werk in die Hand drückt, weiß ich zunächst gar nicht, wie ich davon abbeißen soll. Nachdem ich es von allen Seiten inspiziert habe, beiße ich schließlich aufs Geratewohl von einer der dick belegten Seiten ab. Es ist der Himmel auf Erden. Kauend frage ich die rothaarige Frau, was sie meinte, als sie sagte, dass hier sei kein richtiger Pilgerweg.

»Na ja, das ständige Hoch und Runter und die vielen Kraxeleien sind doch eher untypisch für einen Pilgerweg, findest du nicht?« Ich zucke mit den Achseln.

»Ich weiß nicht. Das ist mein erster Pilgerweg.«

»Normalerweise führen Pilgerwege jedenfalls eher eben über ausgebaute Straßen. Das ist hier etwas anderes. Das kann man mal einen Tag machen oder zwei, aber doch nicht einen Monat lang!«

»Also ich muss sagen, dass ich solche Wege wie heute doch den Straßen vorziehe. Der Asphalt macht mich fertig! Kein Schatten, harter Untergrund und das ständige Ausweichen vorbeifahrender Autos. Da habe ich lieber brennende Oberschenkel als schnelle Kilometer«, erkläre ich weiter.

»Mag sein«, erwidert sie.

Die ältere Frau fragt nach meinem Namen und woher ich komme und wir geraten ins Plaudern. Vilma und Helja kommen aus Dänemark. Die rothaarige Helja erzählt mir, sie ist bereits auf dem Jakobsweg gewandert und ich bin beeindruckt und ein bisschen beschämt dafür, dass ich sie augenscheinlich unterschätzt habe. Die betagtere Vilma leidet an Arthrose und es gleicht einem Wunder, dass sie überhaupt mehr als nur ein paar einzelne Kilometer am Tag wandern kann. Als sie berichten, welche Hindernisse sie auf sich genommen haben, um hier zu sein, werde ich sehr still und demütig vor der Willenskraft dieser beiden Frauen. Aus welchen Gründen und mit welchen Voraussetzungen auch immer wir an diesem Punkt des Weges und letztlich unserer Leben zusammengekommen sind, hier und jetzt sind wir so gleich, wie es Pilger nur sein können. Und die Wurstbrote haben ihr Übriges dazu beigetragen.

Wir beschließen den Rest der Tagesetappe gemeinsam zu gehen, da wir dasselbe Ziel haben und machen uns auf den Weg hinunter zur E6. Mir entgeht nicht, wie mühsam der Abstieg für Vilma ist. Mit schmerzverzerrtem Gesicht stützt sie sich auf ihre Trekkingstöcke. Wir müssen sehr langsam gehen und immer wieder kleine Pausen einlegen, damit sie kurz ihre Knie durchstrecken kann. Helja wird ein wenig ungeduldig und ich kann mir vorstellen, wie der Weg bisher für sie war. Die beiden sind zwar erst in Lillehammer gestartet, also erst seit drei oder vier Tagen unterwegs, aber in dem Tempo waren es sicher zermürbende Tage. Ich beginne zu begreifen, dass Helja den Olavsweg vielleicht gar nicht um ihrer selbst willen als zu anstrengend bemängelt. Endlich erreichen wir die Straße. Vilma ist sichtlich erschöpft und wir erwägen unsere Optionen. Der

Weg führt ab hier sieben Kilometer an der E6, der vielbefahrenen Autobahn, entlang, bevor er in einem kleinen Dorf noch einmal für drei Kilometer ordentlich ansteigt. Das bedeutet nicht nur wenig Wanderfreude, sondern auch zehn weitere Kilometer in dem Tempo, das wir aufgrund von Vilmas Zustand kaum steigern können. Wir beschließen die verbleibenden Kilometer mit dem Bus zu fahren. Im Ort Fåvang wollen Vilma und Helja sich dann vom Hausherrn der nächsten Herberge mit dem Auto abholen lassen. Ich werde die letzten drei Kilometer den Berg hoch allein zu Fuß in Angriff nehmen. Wir müssen etwa eine Dreiviertelstunde auf den Bus warten und vertreiben uns die Zeit im Café eines Campingplatzes, der direkt an der E6 gelegen und nur wenige Schritte von der Bushaltestelle entfernt ist. Ich bestelle eine Portion Pommes und einen Kaffee. Die Stimmung ist entspannt und auch, wenn ich kurz damit hadere, wieder ein Stück weniger zu wandern, weiß ich doch, dass es für heute die richtige Entscheidung ist.

Als wir in Fåvang aus dem Bus aussteigen, wartet dort bereits ein silberfarbener Kombi mit geöffneter Heckklappe. Der Fahrer, der sich uns als Ola vorstellt, erkennt uns gleich an unseren Rucksäcken und hilft Helja und Vilma beim Verladen der Rucksäcke. Ich lasse ebenfalls meinen schweren Rucksack in den Kofferraum gleiten, verabschiede mich für den Moment und steuere den nächstgelegenen Supermarkt an. Im Dorf herrscht reger Betrieb und auch der kleine *Kiwi*, ein Discounter, den ich bisher in jedem größeren oder kleineren Ort in Nowegen vorfand, ist gut besucht. Inspiriert vom heutigen Festmahl kaufe ich eine Flasche Kakao, ein Brot, Salami und *Lefse*. *Hiker hunger is real.* Durch die vielen Kilometer, die ich am Tag zurücklege, muss ich nun wirklich nicht die Kalorien zählen, sondern kaufe, worauf ich Lust habe. Die letzten Kilometer hinauf zur Unterkunft gehe ich ohne schweres Gewicht auf dem Rücken und bin eine Stunde später bei der heutigen Unterkunft.

Nordrum Gård ist erneut ein Bauernhof. Mittlerweile weiß ich, *Gård* heißt auf Deutsch »Bauernhof« und dieser wird mit Schafen, Hühnern, Kühen und natürlich dem obligatorischen Hofhund auch noch als solcher betrieben. Ola führt mich ein wenig auf dem Hof herum und seine Frau Nina weist mich in die Nutzung der Herberge ein. Trotz der routinierten Unterweisung spüre ich dennoch die Hingabe und Gastfreundschaft, die meinen beiden Gastgebenden nicht abhandengekommen ist. Eine Beobachtung, die ich auf der gesamten Reise immer wieder machen werde. Nach einer Dusche setze ich mich auf die Terrasse zu Vilma und Helja und zwei weiteren Frauen, die ich ein paar Tage zuvor in Ringli kennengelernt habe und hier nun wiedertreffe. Zu fünft schauen wir den Schwalben zu, die unablässig zwischen den Scheunen hin und herfliegen und werten den Tag aus. Ich fühle mich wohl in der Gesellschaft dieser wanderbegeisterten Frauen und folge dem angeregten Gespräch und den Geschichten, die von Wanderfreud und Wanderleid erzählen. Helja und Vilma werde ich nach dem heutigen Abend nicht mehr wiedersehen und später erfahren, dass sie den Olavsweg abgebrochen haben. Doch an diesem Abend sind wir alle noch Pilgerinnen und genießen den schönsten Teil davon gemeinsam: das gesellige Miteinander.

»Woher kommst du denn und wohin willst du?«, fragte
die Herzkönigin. »Ach, ich suche meinen Weg«, antwortete
Alice. Daraufhin sprach die Herzkönigin: »Deinen Weg?
Alle Wege hier sind meine Wege!«

Lewis Carroll, Alice hinter den Spiegeln

Tag 11 – Speisen wie eine Königin

▶ 27,8 km ▲ 1274 m ▼ 1317 m 📍 Sør-Fron

Der Tisch, an dem ich sitze, ist aus schwerem, dunklem Holz
und so lang, dass zwölf Personen bequem daran Platz finden.
Er ist prunkvoll dekoriert mit einem ausladenden
Blumengesteck, zwei dreiarmigen Kandelabern und zwölf
Stoffservietten, die wie Fächer gefaltet sind. Das Gedeck aus
teurem Porzellan, Silberbesteck und kristallenen Weingläsern
lässt mich meine Hände in den Schoß legen, um nichts davon
versehentlich umzustoßen. Ich kann dann aber doch nicht
anders und fahre mit den Fingerspitzen über den
wellenförmigen Tellerrand, die spitzen Zinken der Gabel und
den Tischläufer, der aus einem schweren Stoff besteht und von
silberfarbenem Garn durchzogen ist. Noch sitze ich allein an der

reichhaltigen Tafel und das gibt mir Zeit, mich in Ruhe umzuschauen. Ich bin auf *Sygard Grytting* angekommen. Ein Ort, der wie aus der Zeit gefallen scheint. Die Böden knarzen beim Darübergehen und es gibt Waschschüsseln und Krüge, die so alt scheinen, als hätte der heilige Olav höchstselbst sie verwendet. Die Bilder an den Wänden zeigen geheimnisvolle norwegische Landschaften, aufwendige Stickereien, die Portraits der vergangenen Gutsbesitzer oder einfach das Anwesen in den verschiedenen Epochen. Der Hof ist seit dem 16. Jahrhundert in Familienbesitz der Familie Grytting und die Familienhistorie ist allgegenwärtig spürbar. Bereits lange Zeit davor war der Hof Pilgerherberge und man schläft heute im selben Gebäude wie Pilger vor über 600 Jahren. Geschichte zum Anfassen.

Während die Einrichtung bezaubernd antiquarisch wirkt, ist die Ausstattung vergleichsweise luxuriös. Ich bin für heute Nacht in einer kleinen Hütte neben der Pilgerstube untergebracht, die sogar über eine Sauna verfügt. Ein Luxus, den ich mir bei 36 Grad Außentemperatur nicht gönne, aber es hebt die Laune doch erheblich, derart königlich zu nächtigen. Der Hausherr wird später bei einer Führung über das Gelände darauf hinweisen, dass sogar Prinz Hakon und Prinzessin Mette-Marit hier eine Nacht verbracht haben und an eben demselben Tisch gespeist haben, an dem ich nun sitze.

Allmählich füllt sich das Speisezimmer mit weiteren Gästen, die die pompöse Tischdekoration bewundern. Da sind zwei Paare, eines etwa in meinem Alter, eines deutlich älter, eine Gruppe von vier leicht betagten Herren und zwei gemeinsam reisende Damen. Die zwei Frauen sind mir auf Anhieb sympathisch. Für den Augenblick sitzen wir elf alle noch etwas befangen am Tisch und die Gespräche sind verhalten. Der Gastgeber betritt den Raum und begrüßt uns herzlich. Stig Grytting ist nicht sonderlich groß und sein Kopf ist kahl, sodass er gar nicht in das Stereotyp eines haarigen, hünenhaften Norwegers passen will. Doch erst sein fröhliches und bescheidenes Naturell machen ihn als Erben dieser Familiendynastie richtig außergewöhnlich.

»Willkommen auf *Sygard Grytting*«, sagt er und schaut in die gemischte Runde vor sich. »Meine Frau und ich, wir freuen uns, Ihnen heute ein leckeres Abendessen mit Zutaten von unserem eigenen Hof oder aus der Region zu servieren. Doch bevor es losgeht, ist es bei uns Tradition, dass sich alle Gäste vorstellen und kurz erzählen, woher sie kommen und wie sie auf uns gestoßen sind. Wem darf ich dazu noch ein Glas Wein anbieten?« Auf diese Frage gehen fast alle Hände in die Luft und ich stimme in das Lachen ein, das durch den Raum hallt. Die etwas angespannte Stimmung löst sich. Ich bin erleichtert. Nachdem Stig fast alle Weingläser gefüllt und die leer gebliebenen Gläser auf Wunsch gegen eine Flasche Bier ausgetauscht hat, stellen wir uns der Reihe nach vor.

Die Frau mir gegenüber, sie scheint Mitte zwanzig zu sein, ergreift als erste das Wort:»Ich bin Elsa und das ist mein Verlobter Ste«, dabei berührt sie ihren Sitznachbarn an der Schulter,»wir kommen aus Schweden und sind mit dem Camper auf der Durchreise. Wir hatten im Internet nach einem guten Restaurant in der Nähe gesucht und sind auf diesen Ort gestoßen. Die vielen guten Bewertungen haben uns neugierig gemacht.« Mit diesen Worten blickt sie ihren Verlobten an, ein gutaussehender Mann mit schwarzen Locken und schüchternem Blick. Alle scheinen auf ihn zu warten. Er hebt nur kurz die Hand zum Gruß und ergänzt knapp:»Hallo, ich bin Ste.« Wieder stimme ich in das anklingende Lachen ein.

Als nächstes stellt sich das Paar neben mir vor: Theo und Amelia. Sie kommen aus Norwegen und feiern an diesem Wochenende ihren 25. Hochzeitstag – Silberhochzeit. Dieses Jubiläum nahmen sie zum Anlass sich etwas Besonderes zu gönnen. »Ich wollte schon immer speisen, wie eine Königin«, sagt sie und kichert.

Die Gruppe der Herren stellt sich vor. Ole, Jan, Frederick und Markus sind sympathische, kernige Männer, die nach eigener Aussage einfach das Leben, die Freundschaft und gutes Essen genießen. Mit ihren Autos sind sie unterwegs zum Angeln und ein bisschen auch, um ihren Frauen zu entfliehen, gesteht Ole.

Die beiden Norwegerinnen, die mir gegenübersitzen, stellen sich als Lykke und Merrit vor. Sie haben das Abendessen auf *Sygard Grytting* im Radio gewonnen. Merrit, die aus Oslo kommt, ist Flugbegleiterin und verbringt immer viel Wartezeit in Flughafenbars, wie sie erzählt.

»An einem besonders langen Morgen in einem Café am Flughafen gab es ein Gewinnspiel im Radio. Wenn man diesen einen bestimmten Song gehört hat, sollte man anrufen. Wie hieß der denn noch mal, Lykke?« Sie schaut fragend ihre Sitznachbarin an, die sichtlich grübelt, aber schließlich den Kopf schüttelt. »Na ja, ist ja auch nicht wichtig. Jedenfalls habe ich da angerufen und bin direkt durchgekommen. Ich hab' dann Lykke eingeladen, mich zu begleiten. Und jetzt sind wir da.« Merrit ist eine hochgewachsene Frau mit weißblondem Haar und sehr weichen Gesichtszügen. Ihre Augen scheinen immer zu lächeln und sie hat etwas Aristokratisches an sich, das sie trotzdem nahbar wirken lässt. Ich bemerke die Stille, die sich über den Tisch gelegt hat, und stelle fest, dass einige Augenpaare auf mir ruhen.

Ich bin an der Reihe. Ich räuspere mich.

»Mein Name ist Sara und ich komme aus Berlin«, sage ich etwas schüchtern. »Ich pilgere auf dem Olavsweg von Oslo nach

Trondheim.« Nun blicken mich alle Augenpaare in diesem Raum an.

»Du läufst echt den gesamten Weg?«, fragt Theo verblüfft.

»Seit wann bist du unterwegs? Wie viele Kilometer sind es? Und wo schläfst du?« Ich lächle. Die Fassungslosigkeit in seinem Blick kenne ich nun bereits von einigen Begegnungen. Geduldig beantworte ich seine Fragen.

»Wie lang läufst du etwa am Tag?«, will Ste wissen.

»Das ist unterschiedlich«, antworte ich, »an manchen Tagen bin ich über dreißig Kilometer am Tag gelaufen, an anderen dafür nur siebzehn. Im Durchschnitt sind es immer zwischen 22 und 28 Kilometer am Tag, wofür ich etwa sechs bis sieben Stunden brauche.«

»Bist du anderen Pilgern begegnet?«, erkundigt sich Merrit.

»Ja,« erkläre ich, »aber tatsächlich nicht so vielen, wie ich angenommen hatte. Wenige scheinen die gesamte Strecke zu gehen.«

»Und wie schwer ist dein Rucksack?« möchte Lykke wissen.

»Etwa elf Kilo, inklusive zwei Liter Wasser«, erkläre ich. Elsa fragt, ob ich mir Blasen gelaufen hätte und ich entgegne, dass ich weniger mit Blasen, aber dafür mehr mit einem entzündeten Nerv zu kämpfen hatte.

»Der Untergrund hier ist vergleichsweise hart. Ich laufe öfter durch Wald, aber häufig sind es eben auch Schotterwege oder die E6.«

»Oh, hör mir bloß mit der E6 auf!«, schaltet Theo sich wieder ein und wirft die Hände in die Luft, »die hat uns nur Ärger gebracht. Vor 2005 hatten wir hier zwar keine Europastraße, die durch ganz Norwegen führte, aber dafür nicht diesen starken Verkehr. Wir wohnen leider sehr nah an der Autobahn und sind des Lärms längst mehr als überdrüssig. Ich wünsche mir die guten alten Zeiten zurück, als man in Norwegen auf den Straßen wirklich noch fast allein unterwegs war die pure Einsamkeit hatte.«

Elsa und Ste stimmen Theo zu, doch dann mischen sich Markus und Ole ein, die darauf beharren, dass die neue Autobahn auch Vorteile mit sich bringe und man nun viel schneller von A nach B komme. Die entstehende Diskussion bringt etwas Lebendigkeit in unsere Runde und Stig nutzt die Gelegenheit, um sich für die Essensvorbereitungen zurückzuziehen.

Während Theo und Ste den Argumenten von Ole und Markus entgegenzutreten versuchen, beugt sich Merrit über den Tisch zu mir herüber.

»Ich finde das ganz toll, was du da machst. Sehr inspirierend. Ich wünschte, ich könnte dich begleiten.« Vom ersten Moment an, fühle ich zu Merrit eine besondere Verbindung.

»Kannst du gerne!«, sage ich schulterzuckend und lächle sie breit an. Dann lachen wir beide und ich ergänze: »Im Ernst! Es gehört nicht viel Vorbereitung oder Mut dazu. Einfach machen. Dieser Weg ist gut markiert und an die Zivilisation angeschlossen, dass das wirklich jeder schaffen kann, der es will und einigermaßen fit und gesund ist.« Ihr Gesicht bekommt einen nachdenklichen, leicht skeptischen Ausdruck, doch ehe sie zu einer Antwort ansetzen kann, betreten Stig und seine Frau das Zimmer, in den Händen große Schüsseln.

»So, es geht los mit einem bunten Salat aus unserem Garten als Vorspeise. Bitte greift zu und bedient euch selbst. Guten Appetit!« Es ist erstaunlich, wie schnell eine Gruppe völlig Unbekannter zu einer Gemeinschaft wird. Da werden fremde Teller gefüllt, es wird angestoßen, gelacht und diskutiert. Der Salat schmeckt frisch und knackig. Merrit erzählt mir von ihrer Tochter, die gerade mit dem Studium angefangen hat und »wie du, die Nähe zur Natur sucht«. Lykke berichtet von ihrem Leben an der Küste Bergens. Es scheint ein friedliches, zurückgezogenes Leben, nicht ohne Luxus zu sein. Lykke ist Architektin und hat sich und ihrem Mann ein Haus an den Fjorden vor Bergen entworfen und bauen lassen. Vor meinem inneren Auge wächst ein stilvoller Glasbau aus dem Boden, der sich ergonomisch an die felsige Landschaft schmiegt und mit einer Inneneinrichtung aus Holz und warmen Sandtönen aufwartet. Während ich mir vorstelle, wie Lykke mit ihrem Mann dort ihren Alltag bestreitet, geht Stig mit der Weinflasche herum und schenkt überall nach, wo sich die Gläser teilweise oder gänzlich geleert haben. Seine ruhige Hand und die stille Geschäftigkeit zeugen von einer Routine, die sein Leben sehr deutlich von dem meinen abgrenzt. Ich frage mich, wie viele Gäste er wohl bereits bewirtschaftet hat und ob er diese Tradition eher aus Passion oder einem Pflichtgefühl folgend auslebt. So viele unterschiedliche Lebensentwürfe und Geschichten stimmen mich für einen Moment sehr nachdenklich.

Elsa reißt mich aus meinen Gedanken. »Und machst du das aus religiösen Gründen oder einfach so?« Ich stutze kurz bei dieser Frage, denn »einfach so«, macht es bestimmt kaum jemand.

»Also ich bin nicht religiös«, sage ich vorsichtig, »aber ich glaube, dass man auf dieser Reise viel Zeit zum Nachdenken hat und wenn nicht unbedingt Gott, so doch mindestens sich selbst ein Stück weit näherkommt. Sich und den Fragen und Unklarheiten, die man mit sich herumträgt. Ich bin hier auf mich allein gestellt, wie sonst nie in meinem Leben.« Sie nickt langsam. »Ich treffe schon Menschen und unterhalte mich, wie jetzt hier mit euch, aber den Weg gehe ich doch allein. Ich vermute, es ist ähnlich wie bei euch. Ihr fahrt überall mit eurem Wohnmobil hin und seid von niemandem abhängig. Ihr könnt schlafen, wo und wann ihr wollt und habt euch zumindest zeitweilig von eurer Familie und euren Freunden, von den manchmal starren Strukturen eines bürgerlichen Lebens emanzipiert.« Elsa lächelt und nickt.

»Wobei ich das weniger als Emanzipation empfinde, sondern eher als Lebensentwurf. Ich meine, wir lieben unsere Freunde und unsere Familien, aber wir wollen ein Leben führen, das wir uns aussuchen und nicht eines, das von uns erwartet wird.«

Ste mischt sich ein: »Es ist doch so, dass wir einer Generation entspringen, die alles jederzeit zur Verfügung hat. Ich glaube, dass sich vielleicht gerade deshalb viele nach einer Reduzierung sehnen. Und die Möglichkeit als Digital Nomad irgendwo in der Welt zu leben und zu arbeiten ist einfach sehr verführerisch.«

»Ich denke, es ist ein großes Glück, dass ihr einander gefunden habt und in der Hinsicht gleich denkt«, sage ich. »Viele meiner Freunde leben eher den klassischen Lebensentwurf, wenn ich das nennen darf. Und sie scheinen damit glücklich zu sein. Ich frage mich dann immer, ob das automatisch irgendwann kommt. Der Wunsch nach Verwurzelung und Hausbau.«

»Ich meine, es ist vielmehr so, dass dein Leben irgendwann nicht mehr nur noch dir gehört«, sagt Merrit, die unser Gespräch verfolgt hat. »Entweder hast du einen Partner an deiner Seite, mit dem du deine Entscheidungen gemeinsam treffen musst oder vielleicht sogar Kinder, die deine Entscheidungen beeinflussen. Und Träume und Ziele verändern sich auch mit den Menschen, die in dein Leben treten. Glücklich ist da, wer mehrere Träume leben darf.« Sie zwinkert mir bei dem letzten Satz zu und ich habe das sichere Gefühl, dass sie zu den Glücklicheren gehört.

Stig unterbricht die Gespräche, als er den Hauptgang ankündigt, der Sekunden später hereingetragen wird. Mein Teller füllt sich mit Lammkeule und Kartoffelpüree und zum Nachtisch folgen Beerenkompott und Vanillesoße. Alles aus eigener Haltung und Herstellung. Das zarte Fleisch zergeht mir auf der Zunge und die Süße der Vanille harmoniert vortrefflich mit den sauren Beeren. Kulinarisch bin ich auf dem Höhepunkt meiner Reise angekommen und wären nicht die unablässigen Fragen nach meinen Reiseerfahrungen und Beweggründen, hätte ich längst vergessen, dass ich mich auf einer Pilgerreise befinde.

Nach dem Essen bietet Stig für alle Interessierten eine Führung durch Haus und Hof an. Mit vollen Bäuchen hieven wir uns aus den Stühlen, aber alle kommen mit. Zu zwölft durchstreifen wir die großen und altehrwürdigen Räume. Tiefhängende Decken aus Holz, Schafsfelle und handgenähte Stoffe vor den kleinen Fenstern und auf den riesigen Tischen dominieren das Interieur und lassen Geschichte vorstellbar werden. Im »*King's Room*« beäugen wir neugierig das Bett, in dem das norwegische Königspaar genächtigt hat und fragen Stig dazu Löcher in den Bauch, die er geduldig beantwortet oder höflich lächelnd ignoriert. Am Ende der eineinhalbstündigen Tour bin ich todmüde und stelle erschrocken fest, dass es weit nach Mitternacht ist. Als wir alle auf dem begrünten Innenhof inmitten des Häuserensembles stehen, meint Stig anerkennend, dass Pilger die Tour in der Regel nicht mitmachen. Die meisten würden nicht einmal mit ihnen zu Abend essen, sondern sich zeitig zum Schlafen zurückziehen. Ich kann es ihnen nicht verübeln, die extra Kilometer gerade haben zwar geholfen das Abendessen zu verdauen, jedoch die Tagesetappe für heute beachtlich erhöht. Ich erwidere nur, dass ich wohl keine typische Pilgerin sei, frage mich aber im selben Moment, ob es so jemanden überhaupt gibt.

Als ich mich von der sich ohnehin gerade auseinandergehenden Gruppe verabschiede, eilt Merrit mir hinterher und fragt, ob sie sehen dürfte, wo ich schlafe. Wie zwei alte Freundinnen haken wir die Arme ineinander und stolpern über den grasbewachsenen Weg zu meinem Quartier. Draußen ist das Licht bereits deutlich gedämpfter, doch es ist kein Sternenhimmel zu sehen. Es irritiert mich immer wieder, dass es hier nachts nicht richtig dunkel wird. So können wir aber den Weg vor uns gut sehen und sogar den schwarzen Schafsbock erkennen, der uns hinter meiner Hütte entgegenblökt. Ob es ein freudiges oder ein genervtes Blöken ist, vermag ich nicht zu deuten.

Als ich die Tür aufstoße, inspiziert Merrit staunend den Schlafraum, das Bad und die Sauna.

»Glaub bloß nicht, dass ich immer so viel Luxus habe wie hier«, sage ich lachend.

»Das ist ja wirklich schön hier«, gibt sie nur zurück. Neugierig geworden durch ihr Interesse an meiner Reise frage ich sie, ob sie ernsthaft darüber nachdenke, eine Pilgerreise wie diese zu machen.

»Weißt du Sara, alles hat seine Zeit. Es gibt die Zeit für deine berufliche Erfüllung, die Zeit für Kinder, Zeit für jene, die deine Hilfe brauchen und irgendwann die Zeit für solche Dinge. Ich glaube fest daran, dass meine Zeit dafür noch kommt!« Merrits Besonnenheit macht mich demütig. Ich merke einmal mehr, welch ein Luxus es ist, diese Erfahrung überhaupt machen zu können und nehme mir fest vor, mich für den Rest meiner Reise daran zu erinnern.

»Ich möchte mal so werden wie du«, platzt es aus mir heraus. Merrit lacht schallend auf.

»Ach meine Liebe«, sagt sie und streicht mir über die Schulter, »wir sind wohl aus demselben Holz.« Wohl ahnend, dass das Frühstück eher dem Aufbruch gewidmet sein wird, fällt uns der Abschied voneinander an diesem Abend sehr schwer. Ich kann mich des Gefühls nicht erwehren, eine neu gewonnene Freundin zurückzulassen. Und so sehr ich das Gehen am nächsten Morgen dann auch immer weiter hinauszögere, schnalle ich am späten Vormittag wie üblich mein Hab und Gut auf meinen Rücken und verabschiede mich. Am Ende meiner Reise werde ich Merrit eine E-Mail mit einem Foto und den folgenden Worten schicken: Die Pilgerin ist angekommen.

>»Den Schreck dieses Augenblicks werde ich nie
vergessen«, fuhr der König fort. - »Du wirst ihn
vergessen«, sagte die Königin, »es sei denn, du errichtest
ihm ein Denkmal.«

Lewis Carroll, Alice im Wunderland

Tag 12 – Mitgenommen

▶ 36,2 km ▲ 1254 m ▼ 1333 m 📍 Sjoa

Der wohl längste Tag startet zum wohl spätesten Morgen der
gesamten Reise. Die Nacht war zu kurz, das Frühstück zu üppig
und der Abschied zu schwer. Dafür erwartet mich wieder einmal
herrlichster Sonnenschein und eine abwechslungsreiche Etappe.
Mein Wanderführer prophezeit: »Wenn Sie die heutige Etappe
hinter sich haben, können Sie alle Bedenken bezüglich der
bevorstehenden Bergetappen über Bord werfen«. Uff! Na, dann
mal los. Es geht direkt steil bergauf. Unter mir breitet sich der
204 Kilometer lange Fluss Lågen aus, während weiter im
Norden die schneebedeckten Berggipfel des Dovrefjells ruhen.
Ich genieße die fantastischen Ausblicke ins Tal und folge der
Ostseite des Flusslaufes stromaufwärts auf verwunschenen

Pfaden über Zauntreppen, Brücken und vorbei an Kuriositäten, wie einer riesigen gelben Giraffe aus Plastik, die mitten auf einer Waldlichtung steht. Nach stundenlangem Auf und Ab finde ich mich schließlich ziemlich erschöpft auf einer asphaltierten Straße wieder und mein heutiges Ziel, der Campingplatz in Kvam, ist in Sicht.

Endlich biege ich von der Straße auf eine begrünte Fläche ab und steuere die Rezeption des Campingplatzes an. Aus den Holzhütten dringt lateinamerikanische Musik an mein Ohr und vom Spielplatz weht Kindergeschrei zu mir herüber. Ich lasse mich von den neugierigen Blicken nicht verunsichern und trete ins Innere des Haupthauses. Dort herrscht chaotisches Treiben. Musik mischt sich mit den Rufen von Angestellten, die alle irgendwelche Schüsseln voller Speisen vor sich hertragen. Ein verlassener Tresen, auf dem ein in norwegischer Sprache verfasstes Schild steht, baut sich vor mir auf. Nur eine Telefonnummer kann ich erkennen. Hilfesuchend schaue ich mich um, doch von den Angestellten scheint sich keiner zuständig zu fühlen, mich anzusprechen. Ich frage eine Frau auf Englisch, wo ich mich anmelden kann, doch sie zuckt nur mit den Schultern und antwortet etwas auf Spanisch, das ich nicht verstehe. Nach weiteren zehn Minuten, in denen ich unschlüssig vor dem Gebäude hin und her gehe, rufe ich schließlich die Nummer an, die auf dem Schild steht. Eine weibliche Stimme am anderen Ende klärt endgültig, was ich bereits ahne. Ich werde hier heute nicht übernachten können. Der gesamte Campingplatz ist für eine mexikanische Hochzeit gemietet und für Camper geschlossen. Ich lege auf und bin milde schockiert. Was soll ich jetzt bloß machen?

Die Nachmittagshitze liegt auf dem sandigen Boden und ich krame meinen Wanderführer hervor: Dreizehn Kilometer bis zum nächsten Campingplatz. Okay, es hätte schlimmer kommen können, denke ich. Aber dreizehn weitere Kilometer nach diesem anstrengenden Tag scheinen unendlich weit. Widerwillig setze ich mich in Bewegung. Die Straße führt entlang an Einfamilienhäusern mit teuren Autos in den Auffahrten und schattigen Plätzen im Garten. Hier wird gegrillt, dort das Unkraut gezupft. Gemütliches Treiben eines Samstagnachmittages. Vor einem brusthohen Zaun, hinter dem ein Mann in Latzhose sein Auto poliert, bleibe ich stehen. Es ist ein Pick-up in Signalrot.

»Hej!«, rufe ich über den Zaun und frage auf Englisch weiter, »gibt es noch einen anderen Weg in diese Richtung als die Straße hier?« Der Mann, der eben noch die Außenspiegel seines Autos gereinigt hat, hält inne und blickt mich fragend an.

»Wohin willst du denn?«, gibt er zurück.

»Der Campingplatz hier in Kvam ist wegen einer Hochzeit geschlossen und ich muss jetzt dreizehn Kilometer weiter, um zum nächsten zu kommen«, antworte ich und zeige in die Richtung vor mir. »Ich habe aber keine Lust, die ausnahmslos auf dieser Straße zu laufen.« Er nickt und kommt langsam auf mich zu, während er den Lappen von der einen in die andere Hand nimmt. Ich schätze ihn auf Ende vierzig, vielleicht fünfzig Jahre. Die braunen, lockigen Haare weisen hier und dort ein paar graue Haare auf und sein Gesicht zeigt die eine oder andere Falte eines besorgten Familienvaters.

»Der nächste Campingplatz wäre der in Sjoa. Da muss ich eh noch zur Tankstelle. Wenn du willst, kann ich dich mitnehmen.« Ich bin unschlüssig. Als Kind habe ich gelernt, nicht mit Fremden ins Auto zu steigen und selbst als erwachsene Frau regt sich in mir diese leise mahnende Stimme. Gleichzeitig kann ich hinter ihm im Garten zwei Kinder beobachten, die glucksend auf einem riesigen Trampolin hüpfen. Das Angebot scheint wie er ehrlich, unschuldig und einfach freundlich.

»Das wäre großartig«, sage ich schließlich und lächle.

»Sehr gut. Gib mir fünf Minuten. Ich sage kurz meiner Frau Bescheid. Dann fahre ich raus und du kannst reinspringen.« Ich nicke und er verschwindet samt Latzhose im Haus.

Irgendwie bin ich beruhigt, dass er eine Frau hat. Dann frage ich mich, ob Durchschnittskiller nicht auch immer Frau und Kinder haben und das ultranormale Durchschnittsleben führen und bin doch wieder etwas nervös. So tänzele ich ein wenig unsicher von einem Bein auf das andere, während mein Blick über die gepflasterte Auffahrt, den aufgeräumten Garten und die karminrote Häuserwand wandert. Die Kinder hüpfen noch immer auf dem Trampolin. Die heiße Nachmittagssonne brennt wie ein Scheinwerfer auf sie herunter. Das meterhohe Netz, das sie umgibt, erinnert an ein Auslaufgehege für Kaninchen. Und tatsächlich erinnern die schubsenden, rollenden und raufenden Kinder an etwas übermütige junge Welpen und ich muss grinsen, wenn sie tatsächlich einmal bei einem etwas unkontrollierten Sprung von dem netzartigen Stoff ins straff gespannte Tuch des Trampolins zurückgeworfen werden. Gesicherter Spaß. Das Grundstück ist ebenfalls begrenzt, hier von einem etwa einen Meter sechzig hohen Holzzaun. Der Wunsch nach Sicherheit und Schutz ist nachvollziehbar, auch wenn er an diesem Ort deplatziert wirkt. Die Menschen, die ich bisher in Norwegen getroffen habe, erschienen mir allesamt friedliebend und hilfsbereit. Das mag aber auch an den Umständen liegen. Es ist Sommer, viele haben Urlaub und damit Zeit. Den meisten Menschen begegne ich im Kontext einer Dienstleistung, im Gastgewerbe oder in einer der vielen Kirchen. Zudem bringe ich Zeit und Neugier mit, Land und Leute kennenzulernen. Das sind alles ziemlich begünstigende Faktoren.

Es vergehen einige Minuten, bis der Durchschnittsfamilienvater wieder heraustritt und mir über den schützenden Zaun zuruft: »Na, bereit?« Ohne auf Antwort zu warten, öffnet er schwungvoll die Fahrertür des Pick-ups und schwingt sich auf den Fahrersitz, um fast im selben Moment die Tür zu schließen und den Motor zu starten. Ich nicke, als er bereits im Auto sitzt, und mache einen großen Schritt zur Seite, um dem herausfahrenden Wagen Platz zu machen. Nachdem ich meinen Rucksack abgesetzt und in den Fußraum des Beifahrersitzes gestellt habe, lasse ich mich auf den überraschend gemütlichen Sitz sinken und die Beifahrertür ins Schloss fallen.

»Anschnallen, bitte«, verlangt mein Chauffeur, »auch wenn es nur zehn Minuten Fahrt sind.« Ich unterdrücke ein Grinsen und schnalle mich an.

»Danke, dass du mich fährst. Das ist echt richtig nett«, betone ich.

»Kein Problem!«, mein Fahrer winkt ab. »Ich kann ja nicht riskieren, dass du den Weg allein auf der Straße läufst. Wer weiß, was dir da alles passieren könnte!«

»Also heute nehme ich es gerne an«, gebe ich zu. »Es ging wirklich den ganzen Tag hoch und runter und meine Beine sind echt müde. Aber bisher bin ich ja auch allein gelaufen und es ging oft an der Straße entlang.« Er murmelt ein »Hmm« und scheint auf einem Gedanken herumzukauen, bis er ihn schlussendlich ausspuckt.

»Ich bewundere ja, dass du selbstbewusst bist und alleine wanderst. Aber wenn ich an meine Töchter denke, dann hoffe ich, dass sie nicht auf solche Ideen kommen. Was sagen denn deine Eltern dazu?« Ich schaue ihn von der Seite an. Auf seiner Stirn zeichnen sich wieder die väterlichen Falten ab. Es muss sehr anstrengend sein, immer in Sorge zu sein. Ich schwanke zwischen Trotz und Rührung. Ich will ihm sagen, dass es ziemlich altmodisch ist, wie er sich um meine Sicherheit sorgt. Wir sind mittlerweile im 21. Jahrhundert angekommen. Die Vorstellung, dass Frauen nicht dieselben Dinge machen können wie Männer, erscheint mir absurd und ärgert mich auch. Gleichzeitig wächst mein Herz ein paar Millimeter bei so viel väterlicher Fürsorge.

»Ich glaube, dass Eltern sich immer Sorgen um ihre Kinder machen. Meine Eltern sind wahrscheinlich mehr darüber besorgt, dass ich in Berlin lebe, als dass ich hier durch eines der sichersten Länder Europas laufe. Außerdem bin ich 33 Jahre alt, also kein kleines Mädchen mehr.« Ich mache mich innerlich und auch äußerlich etwas größer bei dem letzten Satz.

»Wie du gesagt hast, Eltern sorgen sich immer um ihre Kinder«, bestätigt mir mein Fahrer und fährt lächelnd fort: »Da spielt es auch keine Rolle, wie alt sie sind«. Ich denke ein wenig darüber nach, ob die Sicherheit, in der ich mich wähne, nicht doch trügerisch ist. Zumindest ist Gewalt gegen Frauen immer noch ein weltweites Problem. Ich spüre Ärger in mir aufsteigen. Ärger über die Welt und darüber, dass ich es als Privileg betrachten muss, allein reisen zu können. Ich möchte nicht unhöflich oder undankbar erscheinen und schon gar nicht möchte ich die Stimmung drücken.

»Hör zu«, werden meine Gedanken unterbrochen, »ich will dir gar nichts vorschreiben. Das steht mir nicht zu. Du wirkst auf mich intelligent und schlagfertig. Bestimmt weißt du, was du tust. Ich will nur, dass du vorsichtig bist.«

»Kann ich dich was fragen?«, will ich von meinem Begleiter wissen.

»Schieß los!«, gibt der zurück.

»Hättest du mich das auch gefragt, wenn ich ein Mann wäre?«

»Was meinst du?«

»Na ja, fändest du es ebenso gefährlich, wenn − sagen wir, dein Sohn allein reisen würde?« Er muss nicht lange überlegen.

»Nein. Fänd ich nicht.«

»Und findest du das nicht unglaublich ungerecht?«, löchere ich weiter.

»Absolut! Ich habe nicht gesagt, dass mir gefällt, wie die Dinge sind. Aber so sind sie nun einmal!«, stellt er sachlich fest.

»Aber das heißt ja nicht, dass es so bleiben muss«, gebe ich leise zurück.

»Da hast du recht.«

Stumm rasen wir durch die Landschaft, die rechts und links an unseren Fenstern vorbeizieht. Bäume verdecken immer wieder den Blick auf Fluss und Berge und somit auch auf den Wanderweg. Hin und wieder blitzen Bahngleise durch die Baumstämme. Ich frage mich, wo man hier neben Eisenbahnschienen, E6 und der Straße, auf der wir gerade fahren, eigentlich noch wandern soll. Die Straße ist wenig befahren, was daran liegen mag, dass die E6 parallel verläuft und die meisten ebendiese wählen, um schneller ans Ziel zu kommen. Als nach ein paar Augenblicken eine Tankstelle auf der rechten Seite auftaucht, setzt mein Fahrer den Blinker und biegt zu meiner Überraschung links ab. Erst dann sehe ich das große Schild, das den Eingang zum Campingplatz markiert. Wir kommen direkt darunter zum Halt.

»Das soll jetzt nicht väterlich klingen, aber pass auf dich auf!«, sagt mein Chauffeur und streckt mir die Hand zum Abschied entgegen.

Ich ergreife sie zögernd, lächle und bedanke mich für die Mitnahme. »Du hast mir echt den Abend gerettet. Ohne dich wäre ich jetzt noch Stunden auf der Straße unterwegs.«

»Ist doch kein Problem. Ich musste ja eh in diese Richtung.«
Als er abfährt, frage ich mich, ob die Unterschiedlichkeit der
Menschen eine Bereicherung oder ein Hindernis für unser
Zusammenleben darstellt. Manchmal scheinen wir wirklich von
unterschiedlichen Planeten zu kommen. Für heute kann ich nur
feststellen, dass es mich an mein Ziel gebracht hat und dafür bin
ich sehr dankbar.

»Ich habe immer gedacht, die Zeit wäre ein Dieb, die mir
alles stiehlt, was ich liebe. Aber jetzt weiß ich, dass sie
geben, bevor sie nehmen und jeder Tag ist ein Geschenk.
Jede Stunde. Jede Minute. Jede Sekunde.«

Lewis Carroll, Alice im Wunderland

Tag 15 – Mit Menschen und Engeln

►8,1 km ▲250 m ▼201 m 📍Dovre

Nach einem sogenannten *nearo-day* (»near to zero«, also
einem sehr kurzen Tag) bin ich auf *Engelshus* angekommen. Das
Engelhaus, der Name ist Programm. Die rundliche
Herbergsmutter empfängt mich mit frischem Kaffee, selbst
gebackenem Apfelkuchen und einem warmherzigen Lächeln.
Wieder einmal finde ich mich in einem bezaubernden
Häuserensemble aus einer längst vergangenen Zeit wieder.
Meinen Rucksack lasse ich vor einem der kleinen Gästehäuser
stehen und schlüpfe in meine Badelatschen. Dann nehme ich
die Einladung der Hauswirtin an und lasse mich auf einen der
sechs bequem anmutenden Gartenstühle auf der Terrasse des
Haupthauses nieder. Frank, mit dem ich in den vergangenen

Tagen immer mal wieder gemeinsam gewandert bin, ist auch hier. Außer uns ist noch der Mann der Gastwirtin anwesend und nachdem wir schnell feststellen, dass er nur Norwegisch spricht, verbringen wir einige Minuten in Kuchen mampfendem Schweigen. Zwei Stück Apfelkuchen und literweise Kaffee später treffen noch zwei Niederländer ein.

Hünenhaft und sehr sportlich gekleidet sind sie eine echte Erscheinung. Die vielen Farben und kleinen Symbole verschiedener Outdoormarken hypnotisieren mich. Betont beiläufig erwähnen sie, dass sie heute 36 Kilometer zurückgelegt haben. Nachdem wir uns gemeinsam ein bisschen über die vielen Asphaltstraßen aufgeregt haben, verspüre ich einen Anflug von Verbundenheit und wir beginnen Wandererfahrungen auszutauschen. Als ich von meinen Plänen erzähle, das *Pindos*gebirge in Griechenland zu durchwandern, geraten die beiden ins Schwärmen. Es sei das Schönste, das sie je gesehen hätten und ich solle unbedingt hinfahren, solange es noch nicht überall in den sozialen Netzwerken zu sehen sei. Gespannt sauge ich ihre Geschichten und Tipps auf und mache im Kopf Pläne für einen Trip nach Zagori. Frank ist derweil verstummt und ich merke, dass er sich in Gegenwart der anderen nicht wohlfühlt. Geistesabwesend streichelt er Adis Hinterkopf. Als Kuchen und Gesprächsthemen gleichermaßen weniger werden und wir alle nur noch vor uns hindösen, wird das Gartentor erneut geöffnet.

Ein hagerer Mann im fortgeschrittenen Alter tritt auf den Hof. Er ist locker Mitte 70, wenn nicht älter, trägt kurze Hosen und ein kurzärmeliges, gestreiftes Hemd. Die weißen, behaarten Beine stecken in Wanderschuhen, wie ich sie im Museum in Hamar gesehen habe und mir bluten schon beim Anblick die Zehen. Einige seiner wenigen, dünnen Haare kleben auf der verschwitzten Stirn, der Rest ist unter einer altmodischen Feldmütze, wie man sie bei der Bundeswehr trägt, versteckt. Sein gigantischer Rucksack tritt kurz nach ihm in mein Blickfeld. Suchend schaut sich der Neuankömmling um und erblickt uns im Schatten eines Sonnenschirmes sitzend. Mit schweren Schritten kommt er auf uns zu und begrüßt uns zögerlich auf Englisch. Ich höre sofort heraus, dass er Deutscher ist. Die Gastgeberin überfällt ihn mit einem Schwall Begrüßungsformeln und hilfesuchend schaut er erst sie und dann jeden einzelnen von uns an. Ich sehe in müde und etwas trübe blaue Augen.

»Sie hat gefragt, ob Sie eine gute Wanderung hatten bisher und dass Sie sich gerne setzen und einen Apfelkuchen essen können«, probiere ich es mit einer Übersetzung. Kurz stutze ich über die Tatsache, dass ich ihn gesiezt habe. Eigentlich duzen wir uns hier alle wie eine große Familie, im Norwegischen gibt es ähnlich wie im Englischen ohnehin keine Höflichkeitsform in der Anrede. Auf dem zerfurchten Gesicht des Mannes zeichnet sich ein Lächeln ab.

»Oh danke, das ist sehr nett. Sagen Sie ihr doch bitte, dass ich sehr dankbar wäre für ein Stück Kuchen und ein Bier, wenn es keine Umstände macht.« Seine Stimme ist heiser und er spricht sehr leise. Ich übersetze seinen Wunsch und er wuchtet seinen gewaltigen Rucksack etwas ungelenk vom Rücken und lässt ihn auf eine Bank an der Hauswand fallen. Das Ding muss locker 25 Kilo wiegen, so wie der Aufprall die Bank erzittern lässt. Außerdem scheint er fast so alt zu sein wie sein Träger, grüner Army-Style trifft auf völlig veraltete Tragesysteme mit Außengestänge aus verrostetem Metall.

»Ich bin froh, dass Sie Deutsch sprechen«, sagt der neueste Pilgerzuwachs und setzt sich mir gegenüber auf einen leeren Gartenstuhl.

»Woher kommen Sie?«, frage ich, als ihm Bier und Apfelkuchen serviert werden.

»Aus Cuxhaven«, sagt er und bedankt sich. »Mein Name ist Johann«, ergänzt er auf Englisch und nickt den anderen Anwesenden kurz zu. Frank lässt ein knappes »Hallo« verlauten, die Niederländer nicken nur träge.

»Tut mir leid, mein Englisch ist nicht gut«, setzt er dann wieder auf Deutsch fort.

»Sind Sie auf dem Olavsweg unterwegs?« frage ich und Johann nickt heftig.

»Ich bin total geschafft, die Etappen sind so lang und heiß und dieses Ungetüm da«, er deutet auf den Rucksack neben sich auf der Bank, »wiegt 27 Kilogramm.« Nicht schlecht geschätzt, denke ich und frage ihn, wie lange er bereits unterwegs ist. »Ich bin in Lillehammer gestartet, also seit etwa einer Woche.«

»Immerhin sind Sie bis hierhin gekommen«, erwidere ich aufmunternd.

»Ja, aber auch nur, weil ich immer mal wieder den Bus genommen habe, die Hitze macht mir total zu schaffen!«

Ich denke darüber nach, was ihm noch bevorsteht. *Engelshus* ist die letzte Unterkunft vor den Bergen, das Tor zum Fjell sozusagen. Danach wird es nicht einfacher, eher anspruchsvoller. Wann immer ich auf eine Person treffe, die den Olavsweg pilgert, kommen wir vergleichsweise schnell auf die Berge zu sprechen und fragen uns nervös, was wir dort wohl zu erwarten haben. Die Etappen sind länger, die Wege ausgesetzter, ungeschützter und eine Infrastruktur ist praktisch nicht vorhanden. Den Wetterbericht überprüfe ich seit Tagen immer wieder, um einzuschätzen, ob ich eher langsamer oder schneller laufen sollte, Regentage aussitze oder ihnen besser zuvorkomme. Niemand möchte auf freier Ebene in den Bergen von einem Gewitter überrascht werden. Eine Sorgenfalte bildet sich auf meiner Stirn, als ich daran denke, dass Johann diese Strecke allein schaffen will. Ich stelle mir vor, wie er in den Bergen in einen Sturm gerät und auf weiten Brachflächen herumirrt – allein und schutzlos. Noch dazu kann er sich kaum verständigen. Sein Englisch ist so dürftig, dass er nicht einmal um Hilfe bitten könnte, wenn er diese benötigte. Ich betrachte den schmächtigen, betagten Mann und frage mich, was ihn antreibt. Er hat sich scheinbar weder um die Bedingungen vor Ort noch die erforderliche Ausrüstung Gedanken gemacht. Mir soll erst später bewusst werden, wie unwissend ich urteile.

Den Nachmittag verbringe ich lesend. Frank ist weitergezogen, da er auf *Engelshus* Adi nicht mit in die Schlafkojen nehmen darf. Er wird wenige Kilometer weiter auf einem Campingplatz zelten, von wo ich ihn am nächsten Morgen abholen werde. Also lungere ich im Garten herum, lese und hänge meinen Gedanken nach. Die Sorge um Johann und die Frage nach der mir unerklärlichen Motivation in seinem Alter diesen Weg zu machen, lassen mich nicht los. Beim Abendessen, das wir auf der immer noch sonnigen Terrasse serviert bekommen, platzt es aus mir heraus:»Ich muss Sie das jetzt einfach fragen, es geht mir nicht aus dem Kopf«, Johann schaut kauend von seinem Teller zu mir herüber, »was hat Sie hierher verschlagen? Ich meine, haben Sie wirklich vor, den gesamten Weg bis Trondheim zu gehen?« Ich merke selbst, wie

121

anmaßend meine Frage klingt und kann dem Blick, den Johann mir schenkt, nur schwer standhalten. Darin steckt keine Entrüstung oder Verstimmtheit, wenn überhaupt dann ist es wohl Traurigkeit, die ich zu entdecken glaube. Er wartet lange, bis er antwortet und wählt seine Worte sehr bedacht.

»Mir ist bewusst, wie das auf Außenstehende wirkt: Der Alte, der es noch mal wissen muss. Sollte der nicht lieber keinen Schaden anrichten und sich langsam zum Sterben bereit machen? In meinem Alter macht man es sich doch eher in seinem kleinen Schrebergarten gemütlich oder gönnt sich eine Kreuzfahrt, wenn man noch immer den Drang verspürt, die Welt zu erleben und ihrer nicht längst überdrüssig ist. Ich bin jetzt 74 Jahre alt und mein Körper wird zwar schnell müde, sodass ich alle fünf Kilometer eine Pause einlegen muss, aber ansonsten bin ich noch ziemlich gut beisammen.« Beim letzten Satz tippt er sich mit dem Zeigefinger an die Schläfe, um zu betonen, dass er geistig noch sehr fit ist und lächelt ein schiefes, aber spitzbübisches Lächeln. Ich lächle zurück.

»Haben Sie denn bereits solch eine Reise gemacht? Ich meine jetzt nicht unbedingt eine Pilgerreise, aber Weitwandern oder so etwas ähnliches!?«

»Na ja, im Einsatz damals in Afghanistan haben mich meine Beine gut getragen!«

Ich merke, wie meine Wangen erhitzen. Scham steigt in mir auf. Scham für meine Arroganz und die altkluge Fragerei. Mir wird klar, dass ich überhaupt nichts über diesen Mann weiß und trotzdem habe ich ihn mit nur einem Blick abgestempelt. Schließlich bringe ich immerhin ein »Oh« heraus. »Warum machen Sie diesen Weg?«, versuche ich es in dem Versuch respektvoller zu klingen. Ich habe das Gefühl, die Frage war angemessen.

Johann legt vorsichtig das Besteck auf den leeren Teller und tupft sich mit der Papierserviette den Mund ab, bevor er auch diese auf den Teller legt. »Ich war schon einmal hier. Vor fünfzig Jahren, um genau zu sein. Mein Gott, wie die Zeit vergeht!« Er lächelt und sein Blick verrät mir, dass sich hinter seinen verblassten Augen ein kleiner Film abspielt. »Na ja, jedenfalls habe ich da meine Frau geheiratet und unsere Hochzeitsreise ging nach Norwegen. Norwegen sollte es sein, mit seinen Fjorden, den Bergen und der Weite. Sie hat das Land geliebt.« Mir entgeht die Vergangenheitsform nicht. »Wir sind mit den *Skibladner* über den See geschippert, haben Wanderungen im Fjell gemacht und sind in den Fjorden Kajak gefahren. Die Orte haben wir alle mit dem Auto erkundet. Und weil wir damals kaum Geld hatten, haben wir öfter im Wagen geschlafen. Das war vielleicht unbequem. Und nachts kann es hier richtig kalt werden, selbst im Sommer. Zumindest normalerweise«, dabei nickt er und blickt vielsagend um sich. Ich weiß, was er meint und lächle. »Wir hatten uns vorgenommen zu unserem 50. Hochzeitstag noch einmal hierher zu kommen. Wir wollten noch einmal die Schönheit des Landes erleben, vielleicht dieses Mal die Wale am Nordkap sehen oder die Polarlichter.« Ich ahne, was kommt. »Leider kann meine Frau das alles nicht mehr tun. Sie ist letztes Jahr gestorben. Krebs. Verfluchte Krankheit.« Er nimmt einen großen Schluck Bier. Vielleicht, um mir zu signalisieren, dass es das Ende der Geschichte ist, vielleicht auch, um die aufsteigenden Tränen zu verbergen, die ich in seinen Augen glitzern sehen kann.

»Das tut mir sehr leid«, beteure ich.

»Danke,« entgegnet er, »aber daran ist keiner Schuld. Nur dieser verdammte Krebs.« Ein paar Augenblicke lang herrscht Stille.

»Aber eine Frage hätte ich da noch,« Johann blickt stirnrunzelnd auf, »was hat es mit dem riesigen Rucksack auf sich?«

Unerwartet laut lässt er ein tiefes Lachen ertönen. »Ach das Ding. Ja, das hat einige Winter erlebt. Tatsächlich ist das ein Relikt aus meiner Zeit bei der Bundeswehr. Hat mir gute Dienste geleistet. 88 Liter Volumen, da passt ordentlich was rein.« Mich schaudert es bei dem Gedanken einen derart großen Rucksack mit mir herumzutragen.

»Und was hast du alles da drin?« frage ich und merke gar nicht, wie ich meinen Pilgergefährten plötzlich duze.

»Zelt, Schlafsack, Isomatte, Kocher, Topf, Bratpfanne, Kleidung, Verpflegung, das Übliche halt.«

»Wie hast du das denn damals in Afghanistan gemacht? Musstet ihr da nicht auch tagelang mit eurem Gepäck unterwegs sein?« setze ich nach und nehme in meinem Gartenstuhl so Platz, dass ich jetzt im Schneidersitz darauf sitze.

»Es war ja nicht Vietnam, wo man in voller Montur dem Feind im Feld hinterhergejagt ist. Wir waren stationiert und hatten unser Lager, in dem wir unsere persönlichen Habseligkeiten hinterlassen konnten. Zelte und Kochgeschirr mussten nicht von jedem einzeln getragen werden, dafür gab es Transportfahrzeuge und die Feldküche. Solch ein Marschgepäck wiegt mit voller Ausrüstung zwar fünfundzwanzig bis dreißig Kilogramm, in der Regel ist man aber mit Sturmgewehr und leichtem Gepäck unterwegs, das sind etwa zehn bis fünfzehn Kilogramm.«

Sturmgewehr, Marschgepäck, das alles klingt für mich nach Computerspiel oder Geschichtsunterricht. Jemanden zu treffen, der wirklich im Krieg war, erscheint mir surreal. Vor meinem inneren Auge entstehen Bilder von Tarnkleidung, automatischen Waffen, durchlöcherten Helmen und verwundeten Soldaten.

»Wie war es dort, in Afghanistan?«, frage ich Johann leise und scheue mich ein wenig vor der Antwort.

Johann, der mittlerweile auch wieder in seinem Gartenstuhl Platz genommen hat, lehnt sich mit einem tiefen Seufzer zurück und nimmt erst einmal einen großen Schluck von seinem zweiten Glas Bier. »Anders, als ich erwartet hatte.«

»Was hattest du denn erwartet?«

»Nun, ich denke vor allem sehr viel Feindseligkeit, Armut, Leid, Einöde. Aber das Land hat mich überrascht. Es ist wunderschön und die Menschen sind sehr gastfreundlich und warmherzig. Wir waren vor allem für die Sicherheit und den Wiederaufbau vor Ort und um die afghanischen Sicherheitskräfte auszubilden. Das war größtenteils eine recht dankbare Aufgabe.«

»Und trotzdem war es ja ein Kriegseinsatz und dementsprechend gefährlich, oder?!«

Johann nickt. »Es gab damals viele Selbstmordattentäter. Im Prinzip musste man jeden Tag damit rechnen, dass ein Konvoi oder eines unserer Lager Ziel eines Anschlags werden. Wir haben einige Kameraden bei einem Anschlag auf einen Bus verloren, etliche wurden teilweise schwer verletzt. Die waren auf dem Weg zum Flughafen, also so gut wie zu Hause. So etwas vergisst man nicht.«

»Hattest du Angst?«

»Es war nicht mein Krieg, verstehst du? Ich habe das Ganze wie einen Job betrachtet. Einen, von dem ich jederzeit hätte zurücktreten können. Ich habe es nicht getan. Aber ich hätte gekonnt. Dieser Luxus ist nicht allen vergönnt.«

Ich erinnere mich an die ersten Kriegsbilder, die ich als Kind im Fernsehen gesehen habe. Es waren Aufnahmen aus dem damaligen Jugoslawien. Kinder liefen mit schreienden und blutverschmierten Gesichtern an den Kameras der Öffentlich-Rechtlichen vorbei. Und ich weiß noch, dass ich damals mit Sieben oder Acht gewusst habe, dass man einfach Glück oder Pech haben kann, in welches Land und in welche Zeit man hineingeboren wird.

»Würdest du sagen, die Erfahrung im Krieg hat dich härter gemacht?« Johann schaut erst mich an und lässt dann den Blick in die Ferne schweifen.

»Meine Frau hätte das wahrscheinlich bejaht. Sie konnte sich mich nicht so recht dort vorstellen. Zu Hause pflanzte ich Tomaten an und in Kabul musste ich meine Kameraden und mich selbst mit der Waffe verteidigen. Es war nicht alles eindeutig und transparent. Manche Befehle ließen einen schon an der Sache zweifeln. Vor Ort hieß es im Allgemeinen, wir sollten uns nicht einmischen. Das ändert aber nichts an der Tatsache, dass ich ein paar wirklich entsetzliche Dinge gesehen habe. Ich glaube, niemanden lässt diese Erfahrung unverändert.

Manche wurden sehr schweigsam. Andere wütend. Ich zählte zu den Schweigsamen. Auch wenn das jetzt nicht den Anschein macht.«

»Ich finde es sehr mutig, was du hier machst«, gebe ich zurück. »Ich hoffe, dass ich mit 74 auch noch durch die Weltgeschichte spaziere. Du kannst unglaublich stolz auf dich sein und ich bin sicher, deine Frau ist das auch, wo immer sie jetzt ist!« Johann lächelt mich gerührt an. Stumm erheben wir beide unsere Gläser und stoßen an. Ich bin sicher, dieser Toast geht an Johanns Frau.

Zwei Wochen später werde ich von anderen Pilgern erfahren, dass Johann es tatsächlich durch das Fjell geschafft hat. Eigentlich sollte es mich nicht erstaunen. Wer einen Kriegseinsatz überstanden hat, der bewältigt auch die norwegischen Berge.

»Ich will Sie schön gewarnt haben,« schrie die Königin und stampfte dabei mit dem Fuße: »Fort augenblicklich, entweder mit Ihnen oder mit Ihrem Kopfe! Wählen Sie!«

Lewis Carroll, Alice im Wunderland

Tag 16 – Rauf, rauf, raus!

▶21 km ▲959 m ▼526 m ♥ Fokstumyra Naturreservat

Es gibt ungefähr eine Million nervige Dinge bei einer Wanderung. Spontan denke ich da an Regen, Mücken, schnarchende Zelt- oder Zimmernachbarn, *PUD's (pointless ups and downs)*, der umständliche Griff zur Trinkflasche, das ständige Auf und Absetzen des Rucksacks, Blasen an den Füßen und hatte ich erwähnt: Regen? Es gibt aber eine Sache, die man wirklich gar nicht gebrauchen kann auf einer Reise wie dieser und das ist eine Magen-Darm-Erkrankung. Einmal musste ich eine solche Erfahrung auf einer Wanderung in Island machen. Ich hatte mir für die Fahrt noch ein Chicken-Teriyaki-Sandwich gekauft (noch heute wird mir übel bei dem Gedanken daran). Das Hühnchen muss wohl nicht mehr gut gewesen sein, jedenfalls habe ich mich nachts etliche Male erbrochen. Und fürs Protokoll: Die Nacht habe ich bei Außentemperaturen von -10°C in einem Zelt verbracht. Das Klo, zu dem ich es ein- oder zweimal überhaupt geschafft habe, war ein Loch in der Erde und fließend Wasser gab es nur spärlich. Am nächsten Morgen habe ich mich unendlich elend gefühlt und musste trotz Nebel und absoluter Kraftlosigkeit siebzehn Kilometer über Gletscher und Lavagestein wandern, angetrieben von meiner Schwester, mit der ich diese Wanderung gemeinsam bestritt. Ich hasste sie ein bisschen dafür, dass sie mich nicht im Zelt zu Kräften kommen ließ. Ein aufziehender Schneesturm machte diese Möglichkeit ohnehin zunichte. Heute ist mir die Alternativlosigkeit der Situation bewusst (und wenn ich ehrlich bin, war sie es bereits damals) und ich bin meiner Schwester dankbar, dass sie darauf gedrängt hat, weiter zu gehen.

Als also heute ein junger Mann in einem blauen T-Shirt wortlos und kreidebleich in Richtung Toilette an mir vorbeieilt, schwant mir Übles. Gleich hinter ihm folgt ein zweiter, absolut identisch aussehender Mann, jedoch deutlich entspannter und in einem weißen T-Shirt. Ich bin kurz verwirrt. Brüder? Meine Gedanken werden unterbrochen, als ich hinaus auf den Hof des Hauses trete. Die Landschaft sieht aus wie eine Kulisse aus der Serie *Unsere kleine Farm*. Das Gras ist kniehoch und fast braun. Die Berge liegen dunkelgrau und müde da unter einem klaren Himmel, der keine Wolken zu kennen scheint. Die Unterkunft

Fokstugu Fjellstue ist die einzige Herberge im Fjell, die an eine Straße angeschlossen ist. Entsprechend viel Trubel herrscht an diesem Nachmittag. Dort entlädt ein Laster Waren, hier wird Heu für die Schafe gestapelt und überall Leute, Pilger wie Hausangestellte. Eine davon ist die Hausherrin selbst. Christiane. Sie hastet gerade den zwei jungen Männern hinterher, im Schlepptau ein weiterer Angestellter, wie ich aufgrund der herrischen Art, mit der sie auf ihn einredet, vermute. Später soll sich herausstellen, dass es ihr Ehemann ist. Ich steuere auf Frank zu, der mit Adi an der Leine etwas verloren hinter dem Hoftor steht.

»Was ist los?«, rufe ich, »wieso kommst du nicht rein?« Frank schüttelt den Kopf. Ich gehe noch einige Meter weiter auf ihn zu, damit er seine Antwort nicht brüllen muss.

»Sie will Adi nicht auf dem Hof haben!«, sagt er schließlich. Ich runzele die Stirn.

»Christiane? Das ist doch ein Bauernhof, wie kann da ein Hund verboten sein?«

»Sie ist der Meinung, er könnte ja die Schafe jagen oder gar beißen.« Ich muss lachen. Frank lacht nicht.

»Das ist nicht ihr Ernst!«

»Ich fürchte doch« Betreten sieht er zu Boden. Ich merke, wie Trotz in mir aufsteigt.

»Dann bleibe ich auch nicht hier!«, sage ich und verschränke die Arme vor der Brust.

»Das ist doch Quatsch! Wo willst du denn schlafen? Du hast kein Zelt dabei und die nächste Herberge ist eine Tagesetappe entfernt.« Frank hat recht. Die einzige Alternative wäre das Fjell mit einem Shuttlebus vorzeitig zu verlassen. Also keine Alternative. »Ich werde da auf der Wiese schlafen«, er deutet auf eine Fläche weiter hinten, von wo wir gekommen sind. »Aber wir essen trotzdem zusammen zu Abend, oder?«, fragt er hoffnungsvoll.

»Na klar!«, versichere ich.

»Gut, ich will den Fisch und die Bratkartoffeln nicht umsonst hier hoch geschleppt haben!« Ein Lächeln huscht über seine Lippen. Etwas schuldbewusst verabschiede ich mich und wende mich zum Gehen. Gar nicht so christlich, diese Christiane, denke ich.

Ich stapfe zurück zu der holzgetäfelten Veranda, auf der ich meinen Rucksack abgelegt hatte, schnappe selbigen und betrete die Rezeption. Die Gastwirtin ist in ein hektisches Gespräch mit ihrem Angestellten / Ehemann vertieft, der sie zu beruhigen scheint. Beschwichtigend hebt und senkt er die Hände und spricht leise auf sie ein, während sie sich mit jedem Satz mehr in Rage zu reden scheint. Unschlüssig schlendere ich auf den

Tresen vor ihnen zu. Erst im letzten Moment hebt Christiane ihren Kopf und wendet sich mir zu.

»Entschuldigung, hier ist heute sehr viel los!«, erklärt sie auf Englisch. Kleine, müde aber nicht unfreundliche Augen blicken mich an. Christiane ist wie viele Norwegerinnen hochgewachsen. Ihre grauen Haare sind praktisch kurzgeschnitten und ihr Gesicht wettergegerbt. »Herzlich Willkommen und Gott segne Sie!«, setzt sie ihre Begrüßung neu an. »Woher kommen Sie, wenn ich fragen darf?«

»Aus Deutschland«, erwidere ich. Sie lächelt breit und fährt in fließendem Deutsch fort.

»Wunderbar, mein Deutsch ist vielleicht nicht perfekt, aber ich versuche mein Bestes. Ich bekomme einmal Ihren Ausweis bitte. Bleiben Sie eine Nacht bei uns?« Ich nicke, reiche meinen Personalausweis über den Tresen und Christiane macht einige Notizen in einem großen Buch. »Sie haben heute ein Bett in einem Doppelzimmer für sich allein. Es ist nämlich so, dass wir einen mysteriösen Keim haben, der wohl von zwei jungen Männern hier angeschleppt wurde. Gott bewahre uns vor einer Epidemie!« Bei den letzten Worten atmet sie schwer aus und kritzelt noch etwas hektischer in dem Buch herum. Aha, also lag ich mit meiner Ahnung vorhin richtig.

»Ja, mir ist bei der Ankunft ein etwas blass aussehender junger Mann aufgefallen. Wie geht's ihm denn?«, frage ich mitfühlend. Verwundert sieht Christiane auf.

»Na, wie es einem so geht, wenn man verdorbenes Wasser getrunken hat«, antwortet sie unerwartet schroff. Ich stutze.

»Aber bei einer Wasservergiftung brauchen Sie doch keine Angst vor Keimen zu haben. Ich glaube nicht, dass das ansteckend ist.«

»Ich habe ihm für alle Fälle eine eigene Toilette zugewiesen. Ich bitte Sie, nur die Toilette im Erdgeschoss zu benutzen. Zu Ihrer eigenen Sicherheit.« Wieder nicke ich, dann reicht mir die Gastwirtin einen großen Schlüssel und nennt mir die Zimmernummer. »Verpflegen müssen Sie sich bitte selbst, aber das wissen Sie bestimmt. Sollten Sie noch etwas benötigen, finden Sie eine große Auswahl in unserem kleinen Tante-Emma-Laden, gleich um die Ecke.« Sie deutet nach links. »Das Abendgebet ist um 20 Uhr, die Morgenandacht um sieben. Sie können Ihrem Begleiter sagen, dass er gern auch in die Kapelle kommen kann, allerdings muss der Hund draußen bleiben.«

Ich bin etwas perplex. Abendgebet? Morgenandacht? Wo bin ich denn hier gelandet? Unwissend ob meiner atheistischen Einstellung ergänzt sie stolz: »Unsere kleine Kapelle auf dem Hof hat einen eigenen Pastor, der jeden Abend und jeden Morgen extra hier heraufkommt. Am Wochenende gibt es auch noch ein Nachmittagsgebet, aber das muss unter der Woche leider entfallen.« Das ist aber schade, denke ich verstohlen und muss ein Grinsen unterdrücken. »Gut, dann sehe ich Sie heute Abend?« Die Frage klingt eher wie eine Anweisung.

»Ich denke eher nicht. Ich werde meinem Freund draußen vor dem Tor Gesellschaft leisten.« Ich kann mir die kleine Spitze, die diese Aussage enthält, nicht verkneifen. »Er kann ohne seinen Begleithund keine Menschenansammlungen bewältigen«, erkläre ich dann weiter. Christiane blickt mich nur kurz an und senkt ihren Blick gleich wieder. Nachdem ich die 500 Kronen bezahlt habe, die mich die heutige Nacht kostet, entlässt Christiane mich mit einem wiederholten »Gott segne Sie!« Fast entfährt mir ein »Danke«, stattdessen nicke ich bloß und frage mich umgehend, was man als Atheistin auf diesen Gruß eigentlich erwidert.

Nachdem ich mein Zimmer bezogen und mich meines schweren Rucksacks und meiner Klamotten entledigt habe, nehme ich eine heiße Dusche, nur um mich kurze Zeit später auf den Weg zu Frank und Adi zu machen. Der Hof ist mittlerweile etwas ruhiger geworden. Der Laster ist davongefahren und die Schafe grasen genüsslich auf der an das Gelände angeschlossenen Weide. Hier und da entspannen Leute in der frühabendlichen Sonne auf Bänken oder Stühlen. Etwa fünfzig Meter entfernt auf der anderen Seite des Hofes öffnet sich die Tür zu einer kleinen Außentoilette. Das herzförmige Guckloch verschwindet kurz aus meinem Sichtfeld, nur um dem Mann im blauen T-Shirt Platz zu machen. Das ist also die ihm zugewiesene Toilette. Der Arme durchlebt mein isländisches Teriyaki-Trauma.

»Hey, ist alles okay?«, frage ich ihn auf Englisch, als wir uns auf halber Strecke zwischen Hoftor und Toilette begegnen.

»Ging mal besser«, antwortet er nur und hängt ein gequältes Lächeln hintendran. Dann geht er weiter in Richtung Tor, sodass wir nebeneinander laufen. Schweigend durchqueren wir das Tor und ich kann Frank und Adi erblicken. Frank hat inzwischen sein Zelt aufgebaut und sitzt davor. Mit einem Taschenmesser schält er Kartoffeln, während Adi an einem Stock kauend im Schatten des Zeltes liegt. Nicht weit von ihm steht ein zweites Zelt, vor dem der junge Mann im weißen T-Shirt hockt. Auch er ist mit der Essenszubereitung beschäftigt und schaut auf, als wir nur noch wenige Meter entfernt sind.

»Hi«, sage ich in die kleine Zeltrunde. Der Mann im blauen T-Shirt verschwindet ohne ein weiteres Wort im Zelt. Sein Begleiter erwidert meinen Gruß und zuckt nur entschuldigend mit den Schultern. Frank schaut auf.

»Hey, willkommen bei den Ausgestoßenen!« Ich grinse.

»So schlimm?«

»Nein, es ist schon okay. Zumal ich bei der Tante eh nicht hätte schlafen wollen. Mimt die fromme Christin und lässt einen Aspi mit Hund und einen Minderjährigen mit Scheißerei vor ihren Toren sprichwörtlich verhungern!« Er schüttelt den Kopf und widmet sich wieder den Kartoffeln zu.

»Tut mir echt leid«, versichere ich. »Kann ich was helfen?«, frage ich.

»Ja, du kannst uns mal zwei Bier aufmachen!«

»Du hast Bier hier?«, entfährt es mir.

Frank grinst. »In dem kleinen Beutel da vorne.« Er deutet auf einen Baumwollbeutel hinter mir. Ich öffne die erste Dose und will gerade die zweite aufmachen, da unterbricht Frank mich: »Wollen wir unserem Nachbarn eine anbieten?«

Ich schaue zu dem Mann im weißen T-Shirt und nicke. »Hey, magst du ein Bier mit uns trinken?«, frage ich auf Englisch, während ich mit dem Getränk in der Hand zu ihm herüber gehe.

Der Mann blickt auf. »Wow, das ist ja voll nett«, beantwortet er meine Frage und ich reiche ihm die Dose. »Ich koche hier nur schnell meine Ravioli fertig und dann komme ich zum Anstoßen, okay?!«

»Klar«, sage ich und hake nach: »Will deine Begleitung vielleicht auch ein Bier?«

Er rümpft die Nase und schüttelt den Kopf. »Nein, ich denke der braucht heute kein Bier.«

Ich nicke und setze mich wieder zu Frank. Die Kartoffeln werden gerade gewürfelt und landen mit einem Zischen in der kleinen Pfanne auf dem Gaskocher. Kurz darauf folgt eine ganze Forelle. Ich bin überrascht, was alles in dieser Outdoorküche geht. Aber es ist eine wackelige Angelegenheit. Ich gieße die Hälfte des Biers in eine von Franks Wasserflaschen. Kurz darauf kommt unser Nachbar und setzt sich mit seinem Bier und einem Topf voll tomatensoßengetränkter Nudeltaschen dazu. Er stellt sich uns als Roman vor. Dann erheben wir unsere Dosen und Frank seine Flasche.

»Auf... Ja, worauf trinken wir eigentlich?«, überlege ich laut.

»Auf wahre Solidarität. Wie wäre es damit?«, schlägt Frank vor. Ich nicke und wir stoßen an. Roman ist neunzehn und aus Norwegen. Er hat gerade die Schule beendet und pilgert vor dem anstehenden Studium den Olavsweg gemeinsam mit seinem Zwillingsbruder. Das erklärt die große Ähnlichkeit der beiden.

»Wow, ihr seid die ersten Norweger, die mir auf dem Trail begegnen, die ihn auch wandern«, bemerke ich. Frank ist gerade dabei unser Outdoor-Festmahl auf zwei Portionen aufzuteilen. Eine Portion landet auf einem Plastikteller, die andere verbleibt in der Pfanne.

»Ja, ist uns auch aufgefallen, dass viele Deutsche, Holländer und Dänen den Olavsweg wandern. Wir wollten beide nach der *Russ*feier erst mal raus und unser eigenes Land kennenlernen. Wer weiß, wann wir wieder die Zeit dafür haben.«, erklärt Roman weiter. Frank reicht mir den gefüllten Plastikteller und überlässt sich selbst die Bratpfanne. Mir fällt auf, dass meine Portion viel größer ist als seine. Ich schaue zu ihm auf.

»Danke!«, sage ich und beiße in die erste Bratkartoffel. Sie ist sehr heiß und fast roh. »Pardon, aber was ist denn eine Russfeier?«, will ich wissen und jongliere die heiße Kartoffel im Mund herum.

Roman lacht und erklärt: »Das ist eigentlich wie eine große Party nach dem Schulabschluss hier in Norwegen. Die Schüler organisieren es selbst und daher fließt vor allem sehr viel Alkohol!«

»Und das bei den Preisen!«, ergänze ich und wieder lacht er. Wir sitzen alle kauend zusammen und ich lobe Frank für seine Kochkünste (der Fisch ist nämlich tatsächlich ziemlich lecker), auch wenn die Kartoffeln nicht ganz durch sind, wie er selbst bemängelt.

»Was ist denn nun eigentlich mit deinem Bruder passiert?«, erkundigt sich Frank.

Roman nimmt einen großen Schluck Bier, bevor er antwortet. »Ach wir haben wohl versehentlich kontaminiertes

Wasser getrunken. Es ging heute Mittag los. Ich kann aber nicht mehr sagen, welche Quelle es war, falls ihr das wissen wollt. Und wenn ihr es auch getrunken hättet, würdet ihr jetzt hier wohl nicht so entspannt sitzen.«

»Wie kommt es, dass du nicht krank geworden bist?«, hake ich nach.

Roman zuckt mit den Achseln. »Möglicherweise habe ich bessere Abwehrkräfte. Oder er hat sich doch einmal an einer anderen Quelle bedient als ich.«

»Aber ihr seid sicher, dass es das Wasser war?«, bohre ich weiter.

Roman nickt. »Etwas anderes scheint mir abwegig. Wir ernähren uns hier fast nur aus Dosen und das Essen ist ewig haltbar.«

Eine Weile sagt keiner etwas. Stattdessen hängen wir alle satt und zufrieden und etwas beschwipst unseren Gedanken nach. Ich denke an Christiane und wie sie heute Abend sicher Abbitte leisten muss für ihre unchristlichen Taten und muss grinsen. »Glaubt ihr Christiane kommt jetzt dafür in die Hölle, dass sie euch abgewiesen hat?«, frage ich in die Stille hinein und nehme einen Schluck Bier.

Roman lacht und schüttelt den Kopf. »Stell dir mal vor! Aber im Ernst, ich glaube nicht an Himmel und Hölle. Das erscheint mir doch alles recht subjektiv und willkürlich«, erklärt er und nippt an seinem Bier.

Frank, der gedankenverloren Adis dicken Fellmantel krault, räuspert sich. »Die Hölle vielleicht nicht direkt. Aber vielleicht wird sie dafür beten, dass sie und ihre Familie von gefährlichen Keimen verschont bleiben«, vermutet Frank.

»Wie stehst du dazu, Frank?«, will ich wissen. »Hast du außerhalb des Pilgerweges etwas mit Religion am Hut?«

Frank nickt. »Also ich bin erzkatholisch aufgewachsen, war Messdiener mit allem Drum und Dran. Ich mag die Rituale und Feste, Hochzeiten und die Gottesdienste. Aber ich habe mit einigen Praktiken der Kirche meine Probleme. Und trotzdem denke ich, mit Liebe und Gehirn angewandt, hat jede Religion Gutes.«

»Also aus meiner Sicht ist Religion nur ein Verein aus Konservativen und Fundamentalisten«, kontert Roman. »Ich scheiß' auf dieses Patriarchat!«

»Gibt es alles, keine Frage«, wendet Frank ein, »aber ich glaube, wenn alle die zehn Gebote befolgen würden, wäre die Welt ein wenig besser. Glauben ist wichtig und kann Halt geben.«

»Wie steht's mit dir? Glaubst du an Gott?« Die Gretchen-Frage, Roman stellt sie mir, dabei habe ich sie selbst in den riesengroßen Raum geworfen, der uns umgibt. Mein Blick geht gen Himmel, der wie immer im norwegischen Sommer auch bis in die tiefen Abendstunden hinein fast hellblau ist.

»Ich finde die Vorstellung tröstlich, dass da draußen etwas ist, das uns leitet oder uns zu sich holt, wenn wir einmal sterben.«

»Aha, also Agnostikerin?!« hält Roman fest.

»Vielleicht,« ich lache, »aber es ist nicht mehr als ein Wunsch. Nichts, woran ich glaube. Also eher Atheistin.« Roman nickt stumm und nimmt einen weiteren Schluck Bier, während sein Blick in die Ferne wandert.

»Ich denke Christiane hat einfach Angst«, glaubt Frank.

»Du meinst, sie ist gläubig aus Angst?«, frage ich.

»Nein, ich maße mir nicht an, ihre religiösen Motive zu beurteilen. Ich meine, sie hat aus Angst gehandelt. Sie trägt ja auch irgendwie Verantwortung für all die Menschen, die auf ihrem Hof leben und arbeiten.«

»Das stimmt«, gibt Roman zu.

»Du kannst dich erstaunlich gut in sie hineinfühlen«, bemerke ich.

»Ich beobachte einfach sehr genau. Natürlich bin ich trotzdem verärgert. Du weißt, wie schwer es mir fällt, auf spontane Planänderungen zu reagieren. Aber wenn ich es aus dieser Perspektive betrachte, fällt es mir leichter, ihre Entscheidung zu verstehen.«

Als ich später wieder durchs Tor gehe, welches mich auf den Hof zurückführt, begegnen mir vier weitere Pilger. Wir grüßen uns knapp und ich rufe mir Franks Worte in Erinnerung. Wie wäre es, wenn ich hier Gastgeberin wäre und mich gewissermaßen für die Sicherheit verantwortlich fühlte? Hätte ich ähnlich gehandelt? Ich kann es nicht mit Sicherheit sagen und nehme mir vor, Christiane morgen früh etwas freundlicher zu begegnen.

»Gib deine Aussage,« sprach der König, »und sei nicht
ängstlich, oder ich lasse dich auf der Stelle hängen.«

Lewis Carroll, Alice im Wunderland

Tag 18 – Zwischen Unvernunft und Aberglauben

▶12,2 km ▲180 m ▼562 m ♥Hjerkinn

Weiß und warm liegt das Ei in meiner Hand. Fragil scheint
es und doch liegt sein Inneres gut geschützt unter einer Schicht
aus Calcium. Ungekocht kann ein gewöhnliches Hühnerei das
Zwanzigfache seines eigenen Gewichts tragen. Doch dieses Ei
ist gekocht. Und geklaut. Doch der Reihe nach.

Ein Tag zuvor. Olaf und Susanne lerne ich auf einer
hölzernen Brücke oberhalb des Flusses Folla kennen. Sie bitten
mich darum, sie vor der Traumkulisse zu fotografieren und wir
kommen ins Gespräch. Nach den üblichen Woher-kommst-du-
und-wohin-willst-du-Fragen, steigen wir gleich in die
persönlichen Themen ein. Olaf leidet an einer chronischen
Herzinsuffizienz. Seine Ärzte haben ihm geraten, nie mehr als
wenige Kilometer am Stück zu laufen, weil sein Herz schlicht

nicht mit seiner Größe mithalten kann. Olaf, das muss man dazusagen, ist über zwei Meter groß.

»Mein Herz ist einfach nicht mitgewachsen«, erzählt er, »als Kind hatte ich eigentlich keine Beschwerden, also ist es nie entdeckt worden und als Teenager war ich nie sonderlich sportlich. Die Kurzatmigkeit ist erst aufgefallen, als ich älter wurde. Mit 24 hatte ich dann meinen ersten Herzinfarkt. Das hat mich sehr erschreckt. Ich hatte gerade angefangen etwas mehr zu trainieren und in Form zu kommen. Na ja, damit war dann erst einmal Schluss. Die Ursache ist bis heute ungeklärt. Die Ärzte vermuten aber eine genetische Störung. Ich bekam einen Herzschrittmacher und es wurde etwas besser. Sobald sich aber mein Puls zu sehr erhöhte, wurde ich bewusstlos. Dafür musste ich dann irgendwann nicht einmal mehr Sport machen. Einfaches Treppensteigen oder sogar Stress haben ausgereicht. Nach meinem zweiten Herzinfarkt rieten mir die Ärzte zu einem implantierbaren Defibrillator. Dieser kann genau wie ein Schrittmacher die Rhythmusstörungen korrigieren und außerdem einen einzelnen stärkeren Stromstoß abgeben, um das Herz zu schocken. Es wird dadurch angeregt, wieder mit einem normalen Herzschlag einzusetzen.«

Gebannt hatte ich seinen Schilderungen gelauscht. »Und so etwas trägst du jetzt? Ist das nicht total beängstigend?«, frage ich entgeistert.

»Allerdings«, meldet sich an seiner Stelle Susanne zu Wort, »einmal standest du oben auf einer Leiter, wolltest irgendetwas an der Dachrinne machen, streichen oder was weiß ich, und ich habe unten die Leiter gehalten, als es passierte. Ich konnte nur hilflos zusehen, wie du dir an die Brust gefasst hast und ganz langsam, wie in Zeitlupe nach unten gestürzt bist.«

Olaf lächelt seiner Frau entschuldigend zu. »Da hat der Defi mich kurzzeitig lahmgelegt. Zwei Rippen und ein Bein waren gebrochen. Hätte schlimmer kommen können.«

»Krass!«, sage ich und frage ihn, mit welchen Einschränkungen er seither leben muss.

»Na, ich arbeite nur Teilzeit, eigentlich müsste ich gar nicht arbeiten. Aber das kann ich nicht. Ich bin doch nicht mal fünfzig. Ich brauche eine geistige Herausforderung. Und es ist ja nur IT, dafür muss man körperlich nicht fit sein. Außerdem fahre ich nicht mehr Auto. Ich dürfte schon, aber Susanne will das nicht und ich muss Rücksicht auf meine Familie nehmen. Unsere Kinder unterstützen uns sehr, sie übernehmen einiges am Haus oder helfen beim Tragen oder Verrücken schwerer Gegenstände. Ich wüsste nicht, was ich ohne meine Familie machen würde.« Bei den letzten Worten legt er einen Arm über Susannes Schultern, zieht sie zu sich heran und küsst sie auf die Wange.

»Und wir nicht ohne dich!«, gibt sie zurück und legt ihren Kopf an seine Schulter.

»Wie kommt es, dass ihr jetzt hier seid?«, will ich wissen. »Ist das nicht eigentlich zu riskant?«

»Unsere älteste Tochter läuft gerade den Camino in Spanien«, antwortet Susanne, »und als sie uns in ihrer Planungsphase davon erzählte, wollten wir beide unbedingt etwas Ähnliches machen. Gleichzeitig wollten wir aber die Reise unserer Tochter nicht torpedieren und so sind wir nach ein bisschen Recherche auf den Olavsweg gestoßen.«

»Ich wollte schon immer nach Norwegen«, ergänzt Olaf, »und der Vorteil hier ist eben, dass es nicht so überfüllt und landschaftlich viel reizvoller für uns ist.«

»Und es gibt einen Gepäcktransport«, erklärt Susanne weiter, »das war uns wichtig wegen Olafs gesundheitlichem Zustand. Die Etappen sind auch nicht zu lang. Wir laufen nie mehr als elf, zwölf Kilometer am Tag. Und das ist mehr, als eigentlich vernünftig wäre.« Der letzte Satz richtet sich mahnend an Olaf, der etwas schuldbewusst dreinblickt.

»Wir laufen ja nicht den gesamten Weg«, gibt Olaf besänftigend zurück, »in Oppdal ist für uns Schluss.«

»Das ist ja schon bald«, stelle ich fest.

»Ja, wir wollten hauptsächlich das Fjell sehen«, erklärt Olaf.

147

»Natürlich die anspruchsvollsten Etappen«, ergänzt Susanne in vorwurfvollem Ton. Susannes Sorge um ihren Mann berührt mich, gleichzeitig frage ich mich, wie sie es schafft mit dieser lauernden Gefahr zu leben.

Wir verbringen den Abend zu viert, Frank ist auch dabei, im Garten unserer gemeinsamen Unterkunft. Während Frank sich für die schlichte Campingvariante und ich mich für die spartanische Pilgerstube entschieden hatte, haben Olaf und Susanne die luxuriöse Übernachtung im hofeigenen Hotel mit Frühstücksbuffet gebucht.

Das gestohlene Ei wandert in einem unbeobachteten Moment aus Olafs Hand in meine. Ich hatte nicht darum gebeten, mich aber selten mehr über etwas gefreut. Es wurde der gemütlichen Wärme des Eierkorbs entwendet und hat den Weg in meine dankbaren Hände gefunden. Jetzt sitze ich hier im Garten von *Kongsvold Fjeldstue*, der Unterkunft des heutigen Abends und betrachte meine Beute. Es ist noch zu früh zum Einchecken, die Tagesetappe war sehr kurz. Mein Hunger meldet sich trotzdem und so beginne ich das Ei zu pellen, als Olaf und Susanne unerwartet durch das Gartentor spazieren und mich breit angrinsen.

»Na, schmeckt's?«, ruft Olaf mir zu.

Ich beiße in das hartgekochte Ei, das gar nicht so hart ist und entgegne kauend: »Nicht schlecht, aber hättest du nicht auch ein bisschen Salz für mich klauen können?« Er lacht. Die beiden setzen sich auf die weißen Gartenstühle neben mich

»Wo hast du Frank gelassen?«, fragt Susanne.

»Frank will die nächsten Etappen mit dem Zug umfahren«, antworte ich. »Der Wetterbericht hat für die nächsten Tage Regen und Sturm vorausgesagt. Das will er im Zelt hier oben in den Bergen nicht riskieren. Wir haben verabredet, uns in Oppdal wiederzutreffen.« Susanne nickt.

»War das nicht eine großartige Etappe heute?«, fragt sie und reckt ihren Kopf der Sonne entgegen.

Ich murmele ein »Mhm«, schließe die Augen und denke an die schneebedeckten Gipfel und weiten Blicke über schroffe Felsen und weiche Bergkuppen, mit denen wir heute verwöhnt wurden.

»Wusstest du denn, dass wir heute durch Trollgebiet gewandert sind?«, fragt Olaf an mich gewandt. Ich pruste laut lachend los und schüttele den Kopf.

»Hast du welche gesehen?«, frage ich scherzhaft.

»Sicher bin ich mir da nicht, es waren eigenartige Gestalten unterwegs heute«, gibt er schmunzelnd zurück. »Willst du die Geschichte hören?« Ich nicke. »Also der Sage nach«, beginnt er geheimnisvoll, »wurde Norwegen hier im Dovrefjell von Trollen gegründet.« Ich runzele die Stirn. »Es wurde von zwei Trollbrüdern entdeckt und durch die Hochzeit ihrer Schwester mit dem Troll, der über das Dovrefjell herrschte, zu einem Land vereinigt, dem heutigen Norwegen.«

»Ich dachte König Harald hat die verschiedenen Landesteile miteinander vereint«, sage ich.

»Das ist die langweilige, historisch belegte Version«, erwidert Olaf und winkt ab, »viel interessanter ist doch sich vorzustellen, dass sich hinter jedem Berg und in den Bergseen Trolle verstecken könnten.«

»Ich finde, gerade du müsstest aber auf die korrekte Wiedergabe der Geschichte bestehen«, bemerke ich.

»Wieso?«, will Olaf wissen.

»Na, weil wir schließlich auf den Fußspuren deines Namensvetters wandern«, erkläre ich, »und der war ein echter Mensch, der Sohn von König Harald.«

»Ja, aber auch er soll anscheinend heilende Kräfte gehabt haben oder zumindest sein Leichnam. Da wurde das mit der wahrheitsgetreuen Wiedergabe der Geschichte offensichtlich auch nicht so genau genommen.«

»Glaubst du etwa nicht daran?«, frage ich bestürzt.

»Ach, ein bisschen Aberglaube schenkt doch Hoffnung«, findet Olaf, »und es macht Spaß.«

Wir fangen an zu definieren, was wir alles unter Aberglauben verstehen und wetteifern, wer mehr Dinge aufzählen kann.

»Schwarze Katzen, die von rechts nach links an einem vorbeilaufen«, sagt Olaf.

»Salz über die Schulter werfen, wenn man es versehentlich verschüttet«, fällt mir ein.

»Unter Leitern hindurch gehen«, ergänzt Susanne.

»Spiegel zerbrechen, bringt sieben Jahre Unglück«, bemerke ich.

»Die Zahl 13, keine spitzen Gegenstände verschenken«, überschlägt Olaf sich fast.

»Man soll auch keine Schuhe verschenken, sonst läuft einem der Beschenkte davon«, weiß Susanne.

»In Japan ist es übrigens die Zahl Vier, wusstet ihr das?«, fragt Olaf und wir anderen beiden schütteln die Köpfe. »Ja, so wie es in westlichen Ländern manchmal keinen 13. Stock, 13. Sitzplatz oder kein 13. Zimmer gibt«, ergänzt er, »gibt es dort kein viertes Stockwerk.«

»Verrückt«, schließe ich unsere Sammlung. Und nachdem uns auffällt, dass wir nur die unglückbringenden Symbole genannt haben, zählen wir noch schnell die Glückssymbole auf, die uns einfallen (Schornsteinfeger, Marienkäfer, Scherben – aber nur wenn es keine Glasscherben sind, Sternschnuppen, Glückspfennig, Vierblättriges Kleeblatt, Hufeisen, Schwein, Eule auf dem Dach und Spinnen – aber nur am Morgen). Die meisten von ihnen kennt Susanne.

»Hast du Lust, heute gemeinsam zu Abend zu essen?«, fragt Susanne an mich gerichtet, »wir würden dich gerne einladen.«

»Nein, nein. Das kann ich nicht annehmen«, wehre ich ab.

»Wir haben das bereits besprochen. Also keine Widerrede«, beendet Susanne die Diskussion und Olaf ergänzt grinsend: »Mit meiner Frau solltest du dich besser nicht anlegen.«

Ich habe das Gefühl mit dem Eierdiebstahl heute Morgen und der Einladung zum Abendessen stellt sich ein Ungleichgewicht zwischen uns ein, aber die Vorstellung von Kartoffelpüree aus der Packung lässt mich gedanklich keine Freudensprünge machen und so gebe ich schließlich nach.

Am Abend sitzen wir zu dritt an einem der vielen Tische im hoteleigenen Restaurant. Die leer gegessenen Teller vor uns, nippe ich gerade an einem Bier und lasse mir von Susanne Videos auf ihrem Handy zeigen. Es sind Aufnahmen, die ihre Tochter aus Spanien geschickt hat. Auf dem kleinen Bildschirm kann ich Dutzende, vielleicht sogar Hunderte Menschen durch die nächtlichen Straßen einer Stadt rennen sehen.

»Das Video ist von gestern Abend«, klärt Susanne mich gerade auf. »So sieht das aus, wenn die Pilger auf dem Camino abends einen Wettlauf, um die besten Herbergen starten.« Ich lasse es mir noch einmal zeigen und verfolge die sich rasant fortbewegenden Punkte auf dem Bildschirm.

»Das ist ja krass!«, entfährt es mir.

„Ein bisschen anders als hier, nicht wahr?«, stellt Olaf rhetorisch fragend fest.

»Das wäre nichts für mich«, sage ich und schüttele den Kopf, »ist das jeden Abend so?«

»Sieht so aus«, versichert Susanne.

»Wir sollten ihr ein Video von unserer Unterkunft schicken«, schlage ich lachend vor.

»Haben wir«, entgegnet Olaf. »Sie hat tatsächlich überlegt, ob sie zu uns in den hohen Norden kommt!«

»Wie gefällt es ihr ansonsten?«, will ich wissen.

»Die Hitze strengt sie sehr an und ihren Füßen geht es wohl nicht so gut«, erklärt Susanne, »aber sie sagt die Gemeinschaft dort sei einmalig. Sie ist jeden Abend in einer anderen Bar und feiert mit den anderen Pilgern.«

»Wie alt ist eure Tochter?«

»Einundzwanzig«, erwidert Susanne knapp.

»Wow, ihr zwei wurdet jung Eltern«, stelle ich fest.

»Ich war Fünfundzwanzig, Olaf Achtundzwanzig. So jung war das gar nicht«, findet Susanne, »aber wir wussten damals schon, dass wir besser keine Zeit vergeuden sollten. Das ist ein bisschen unser Lebensmotto geworden.« Ich lächle.

Als Olaf sich zum Bezahlen vom Kellner zur Kasse führen lässt, suche ich das vertraute Gespräch mit Susanne.

»Das muss schwer sein, mit der dauernden Sorge zu leben. Hast du oft Angst um Olaf?«, erkundige ich mich bei Susanne.

»Immer«, sagt diese, »es ist ein bisschen, wie mit einer tickenden Zeitbombe zu leben. Und dann hofft man nur, dass das Herz keinen größeren Schaden davon nimmt und er schnell wieder gesund wird«, sie macht eine längere Pause, »meine größte Angst ist, irgendwann ohne ihn leben zu müssen. Olafs größte Angst hingegen ist, irgendwann nicht mehr ohne fremde Hilfe leben zu können oder schlimmer noch, komplett hilflos zu sein.« Ich nicke verständnisvoll, ohne mir wirklich das Ausmaß eines solchen Szenarios vorstellen zu können.

»Er hat Vorkehrungen getroffen, natürlich. Keine lebensverlängernden Maßnahmen. Das ist sein Recht. Aber an so etwas will und kann ich nicht denken. Ich denke an unsere Mädchen, weißt du. Auch wenn unsere Älteste bereits aus dem Haus ist, einen Freund hat und studiert, die beiden anderen brauchen ihn dringend. Wir brauchen ihn alle.«

Und dann erzählt mir Susanne noch ein wenig von ihren Töchtern und als Olaf an den Tisch zurückkehrt, steckt sie gerade mitten in einer Geschichte von der jüngsten Tochter und wie diese einmal im Supermarkt verloren ging, um dann eine Stunde später ein Lied von Peter Fox über die Lautsprecher des Supermarktes zu trällern.

»Der Sicherheitsdienst hatte sie aufgegabelt und als sie ihren Namen nicht nennen wollte, haben sie ihr das Mikro für die Durchsagen im Laden hingehalten, damit sie sich selbst vorstellen kann. Sie hat stattdessen die Chance gesehen, mal vor echtem Publikum zu singen und so hallte dann ihre kleine Stimme durch die Hallen dieses Supermarktes.«

»Da ist ausnahmsweise mal meiner Frau das Herz stehen geblieben«, sagt Olaf und lacht. Und als Susanne ihm zunächst einen vernichtenden Blick zuwirft, ein Lachen dann aber auch nicht mehr zurückhalten kann, steige ich ebenfalls ein. Es ist ein richtig schöner Abend, der am liebsten gar nicht enden soll, wie ich finde.

Nachdem wir das Restaurant verlassen haben, bedanke ich mich für die Einladung.

»Wir danken dir für die nette Gesellschaft«, beteuert Olaf.

Ich lächle und lege den Kopf schief. »Laufen wir morgen noch ein Stück gemeinsam?«, frage ich.

»Nein, leider nicht«, antwortet Susanne, »wir werden etwas abkürzen, die Etappen morgen und übermorgen sind zu lang. Aber wir könnten uns in Oppdal wiedersehen«, schlägt sie vor.

»Super! Dann ist Frank auch wieder dabei«, sage ich.

»Wunderbar. Wir sehen uns sicherlich morgen nach dem Frühstück, oder?«, erkundigt sich Susanne. Ich nicke und wir verabschieden uns für die Nacht. Während Olaf und Susanne in einem der erstklassigen Zimmer im Hotel verschwinden, ziehe ich mich ins Mehrbettzimmer der Pilgerstube zurück. Noch lange starre ich, eingehüllt in meinen Schlafsack, ins Halbdunkel des Zimmers. Gesprächsfetzen, Gedanken und Fragen schwirren durch meinen Kopf. Doch irgendwann zwischen Unvernunft und Aberglauben falle ich in einen unruhigen Schlaf.

»Wie lange ist für immer?«, fragte Alice. »Manchmal nur
eine Sekunde«, antwortete der Hase.

Lewis Carroll, Alice im Wunderland

Tag 20 – Vom Regen und Wandern

▶ 28,2 km ▲ 423 m ▼ 968 m ♀ Oppdal

Heute präsentiert sich der Tag in einem Gewand aus
Grautönen. Der Himmel hängt bleigrau und wolkenschwer über
mir. Die schlammige Straße erstreckt sich vor mir in einem
schmutzigen Graubraun, sodass sich meine mausgrauen
Wanderstiefel kaum davon abheben. Selbst der Regen, der
unablässig auf mich niederprasselt, scheint grau. Er hat
Wasserstraßen gebildet, die in Rinnsalen hinabführen und den
Weg markieren. Heute pilgere ich nicht allein. Gemeinsam mit
Brian aus Dänemark, der die Nacht ebenfalls in einer
abgeschiedenen Hütte in Ryphusan verbracht hat, gehe ich
eingehüllt in einen Regenponcho die schlammige Straße hinab.
Brian ist Mitte dreißig, nicht sonderlich groß und sehr drahtig.
Seine Statur hat etwas von einem Marathonläufer. Und Brian
trägt Trailrunner. Das sind ultraleichte Sportschuhe. Aufgrund

ihrer Verarbeitung und der Verwendung leichter und atmungsaktiver Materialien müssen sie regelmäßig ausgetauscht werden, weil sie ansonsten keinen Halt mehr bieten. Dafür sind sie auf langen Strecken sehr angenehm zu tragen und schützen vor diversen Fußverletzungen. Brian ist ziemlich begeistert von seinen Schuhen. Zumindest erzählt er mir das gerade stolz.

»Die sind echt richtig cool! Ich hatte bisher keine einzige Blase an den Füßen – wirklich!« Etwas mitleidig wandert mein Blick seine Beine hinab auf die triefnassen Stoffschuhe unterhalb seiner Knöchel. Bei jedem Schritt höre ich ein Schmatzen und stelle mir vor, wie die Socken klamm an den eiskalten Füßen kleben. Ich kann ja mit Vielem leben, aber nasse Füße gehören nicht dazu. Allerdings muss ich gestehen, dass ich ungern wieder in meine schweren *Goretex*-Treter gestiegen bin. Schließlich habe ich mich dem Wetter gebeugt.

»Wirklich?! Da bist du, glaube ich, die Ausnahme. Alle, die ich bisher getroffen habe, haben mir von ihren geschundenen Füßen berichtet. Und ich bin auch nicht verschont geblieben.«

»Tja«, sagt Brian etwas selbstgefällig, »vielleicht kommen ja noch ein paar mehr auf den Trichter mit den Schuhen.« Tatsächlich werde ich das noch, aber vorher muss ich noch ein paar Kilometer durch die französischen Alpen gehen, bis ich merke, dass ich nicht einmal dort derart schweres Schuhwerk benötige, wie ich es heute und hier trage.

Brian ist Fotograf. Er hat mir am Abend zuvor die Fotos gezeigt, die er auf der Reise bisher aufgenommen hat und sie sind schlichtweg atemberaubend. Er hat nicht nur die Stille und Weite des Landes wirklich gekonnt eingefangen, sondern auch seine persönliche Reise (allein, mit dem Zelt) nahezu kunstvoll fotografisch in Szene gesetzt. Doch heute bleibt die kleine schwarze *Fuji* aufgrund des Regens in der Tasche und wir halten die Bilder in unserem mentalen Bilderspeicher fest. Da stehen Schafe und weiden in den grünen Hängen, Holzbrücken überwinden kleinere und größere Bachläufe, kleine Almhütten hier und dort und immer wieder die norwegische Weite und das endlose *Fjell*. Nun ja, scheinbar endlos, denn wir bewegen uns abwärts und unweigerlich auf das Tal Oppdal zu. An einer kleinen Kapelle halten wir an. Nicht unbedingt, um diesen einzigartigen Bau zu bestaunen, obwohl die Aussicht aus der verglasten Front der Mini-Kirche *St Mikael* erstaunlich ist, sondern um wenigstens für einen kurzen Moment aus dem Regen heraus zu treten. Ich streife mir den Poncho über den Kopf und stelle den Rucksack auf einer kleinen Holzbank vor dem Eingang der Kapelle ab. Die schlammigen Schuhe lasse ich ebenfalls vor der Tür stehen und schnappe mir einen Schokoriegel, bevor ich mich auf eine der Stufen im Inneren niederlasse. Der Fußboden ist mit Teppich ausgelegt und es ist angenehm warm im Inneren. Brian fummelt Ewigkeiten an seinem Rucksack herum und zieht mit einem entschuldigen Blick die *Fuji* heraus. Er kann wohl doch nicht anders. Wir sind, wer wir sind. Ich atme schwer aus und beiße in meinen Schokoriegel. Zwanzig Kilometer sind wir heute bereits gelaufen und haben noch etwas mehr als zehn vor uns. Ich spreche diesen rein informativen Gedanken laut aus und Brian scheint davon wenig beeindruckt. Er ist mit der gelungenen fotografischen Inszenierung des Ausblicks beschäftigt.

»Das macht dir gar nichts aus, oder? 30-Kilometer-Tage?!«

Er schüttelt den Kopf. »Nein. Tatsächlich waren alle meine Tage sehr lang hier. Ich glaube ich hatte keinen Tag unter dreißig Kilometern.«

»Und kannst du es genießen? Ich meine, hast du denn überhaupt genügend Zeit alles in dich aufzunehmen?« Er sieht zu mir herüber und hält seine Kamera hoch. »Wozu habe ich denn sonst die hier?« Ich überlege.

»Schon klar, du bist Fotograf. Aber es ist doch immer noch ein Unterschied, Dinge mit den eigenen Augen wahrzunehmen, als sie mit einer Kamera festzuhalten. Denkst du nicht?« Brian ist mittlerweile vertieft darin, das blaue Kreuz auf der Fensterscheibe im richtigen Winkel abzulichten. Schließlich, nach einem letzten prüfenden Blick aufs Display der Kamera, scheint er zufrieden mit dem Ergebnis zu sein und setzt sich neben mich. Der Regen trommelt gegen das Fenster und zieht lange Fäden über das Glas.

»Klar hast du recht«, gibt er zu. »Aber ich sehe das Ganze auch als körperliche Herausforderung. Wie viele Kilometer halte ich pro Tag durch? Schaffe ich meine Reise in den geplanten 21 Tagen? Ist mein Equipment leicht genug? Habe ich genügend Wasser und Verpflegung dabei?«

»Warum 21 Tage?«

»Also wenn du 21 mit 32 multiplizierst, dann kommst du ziemlich genau auf die Strecke des Olavsweges inklusive kleinem Puffer.«

»Na, das hast du dir ja ziemlich gut vorher zurechtgelegt«, ziehe ich ihn spöttisch auf. Auf einmal wird Brian mir etwas sympathischer. Diese Art, Dinge mühelos und zufällig wirken zu lassen, hat mich bei Menschen immer gestört. Wieso kann man nicht einfach zugeben, dass man sich um eine Sache doch ein paar mehr Gedanken – ich möchte fast sagen: Sorgen – gemacht hat?!

»Na ja, vor allem habe ich nur 21 Tage Urlaub. Mehr war absolut nicht drin.« Er lässt den Blick achselzuckend zu Boden wandern.

Ich spüre einmal mehr, welch Luxus mir vergönnt ist, den Weg in einem Stück gehen zu können, ohne mich hetzen zu müssen. Neben seiner Arbeit als Fotograf stellt Brian selbst

Möbel her. Einen wunderschönen Tisch im typisch zurückhaltenden skandinavischen Stil mit feinen Holzmaserungen hat er mir ebenfalls gestern auf seinem Smartphone gezeigt. Menschen sind so vielschichtig. Manchmal macht es mich ganz verrückt, wie sehr sie mich überraschen können.

»Wollen wir langsam weitergehen?«, fragt er in die einzig durch den Regen gestörte Stille hinein. Obwohl ich die behagliche Wärme der Kapelle der kalten Nässe draußen vorziehe, nicke ich und richte mich auf.

»Wir dürfen ja deine mathematische Rechnung nicht durcheinanderbringen«, frotzele ich. Er schenkt mir einen genervten Blick.

Als wir gerade wieder draußen stehen, Brian seinen Rucksack schultert und ich meine Wanderschuhe schnüre, sehe ich Olaf und Susanne den Weg herunter auf uns zukommen. Beide sind ebenfalls in Regenponchos gehüllt und triefen vor Nässe. Olaf hebt einen Wanderstock zum Gruß und ich lächle und winke ihnen zu.

»Oh, die beiden kenne ich«, sagt Brian. »Ich bin ihnen schon des Öfteren begegnet. Die sind sehr langsam unterwegs.« Ich verkneife mir eine Reaktion darauf.

»Hey«, sage ich, als sie beinahe vor uns stehen. »Euer letzter Tag, richtig?«

»Ja leider«, entgegnet mir Susanne, »wir hätten uns etwas besseres Wetter gewünscht, aber na ja.«

»Wollen wir den Rest des Weges gemeinsam gehen?«, schlage ich vor. Susanne sieht ihren Mann an und schüttelt den Kopf.

»Ich denke, wir machen hier auch mal eine kleine Pause. Aber wir sehen uns ja unten in Oppdal. Wo übernachtet ihr denn?« Wir tauschen noch kurz aus, an welchen Punkten sich unsere Wege ein letztes Mal überschneiden könnten (üblicherweise sind es die gewohnten Punkte: Supermarkt, Unterkunft, Gemeindezentrum) und verabschieden uns für den Moment. Brian und ich stapfen los in den Regen und lassen nun endgültig das Fjell hinter uns.

Die geteerte Straße macht eine Biegung und vor uns erstreckt sich breites Ackerland. Kühe grasen im Regen und etwas weiter in der Ferne ziehen Autos Linien durch die Landschaft. Ich meine auch wieder die E6 zu hören, vielleicht bilde ich es mir aber auch nur ein. Gerade erzählt mir Brian von einer Beerenart, die es nur in hier in Norwegen zu geben scheint. Er sucht das englische Wort, kommt aber nicht darauf.

»Auf Dänisch heißen sie *multebær*. Kennst du das deutsche Wort dafür?« Ich überlege, schüttele dann aber den Kopf. »Sie sind äußerst selten. Es gibt sie vor allem in Finnland und Norwegen. Sie sehen ein bisschen aus wie Himbeeren, sind aber nicht rot, sondern meist orange oder gelb. Hier im Fjell habe ich richtig viele gesehen. Ich glaube sie wachsen vor allem in Moorgebieten. Sie schmecken köstlich. Warte ich zeige dir ein Bild.« Brian hat recht, sie erinnern tatsächlich an Himbeeren. Aber solche, wie in der Fotogalerie seines Smartphones erscheinen, habe ich noch nie gesehen. Ich nehme mir von nun an vor, noch achtsamer zu schauen und nicht mehr nur nach den altbekannten blauen und roten Früchten Ausschau zu halten. Vielleicht entdecke ich ja doch einmal eine *Moltebeere*, das ist tatsächlich die deutsche Bezeichnung, wie Brians Internetrecherche ergibt.

Die Straße führt nun stetig bergauf. Ich muss mich anstrengen, mit Brian Schritt zu halten. Doch sein Tempo ist mir zu hoch und so lasse ich mich zurückfallen. Allmählich verschwindet er aus meinem Blickfeld. Da sein Ziel ebenfalls der Campingplatz in Oppdal ist, weiß ich, dass ich ihn spätestens dort wiedersehen werde und bin in keiner Weise bemüht, ihn einzuholen.

Gedanklich gehe ich die unterschiedlichen Herangehensweisen meiner Mitpilger durch. Da ist Brian, der alles im Eiltempo durchzieht. Zum Teil aus sportlichem Ehrgeiz, zum Teil aus Zeitgründen. Da sind Olaf und Susanne, die aufgrund von Olafs Erkrankung einfach nicht schneller laufen können. Und Frank, der seinen eigenen, völlig von Ehrgeiz befreiten Weg geht. Und dann bin da ich. Irgendwo dazwischen. Und obwohl wir so unterschiedlich sind, haben wir doch eines gemeinsam: Wir alle gehen denselben Weg. Haben dasselbe Ziel. Teilen meist dieselben Zeltplätze oder Unterkünfte. Kennen alle das Gefühl der völligen Erschöpfung am Abend und der beharrlichen Rastlosigkeit am Morgen. Die Erfahrungen, die wir auf dem Weg machen, sind dennoch sehr unterschiedlich. Hängen sie doch unweigerlich mit unserem einzigartigen Menschsein, unserer Persönlichkeit zusammen. Keine Wanderung ist daher dieselbe. *Hike your own hike* heißt es unter thru-hikern. Es bedeutet so viel wie, geh deinen eigenen Weg, dein eigenes Tempo. Höre darauf, was du brauchst und wann. Mach die Reise zu deiner und folge nicht blind den ausgetretenen Pfaden anderer. Und außerdem: Urteile nicht! Natürlich bildet sich immer dort, wo Menschen aufeinandertreffen, unweigerlich eine Gemeinschaft. Und das ist schön. Aber wandern müssen wir dann doch alle selbst. Und allein. Genau so gehe ich gerade. Zumindest glaube ich das.

Denn ehe ich mich versehe, stehe ich vor der Kirche in Oppdal. Die weiße Kirche mit ihrem hohen, spitz zulaufenden Türmchen hat einen wunderschönen Platz, an einem Hang gelegen und vom anliegenden Friedhof hat man einen fantastischen Blick ins Tal und zurück auf die Berge. Weich und breit liegen sie da und sehen tatsächlich ein bisschen aus wie schlafende Riesen. Als ich meinem vierjährigen Neffen vor meiner Abreise von der Sage mit den schlafenden Riesen erzählte, bekam er große Augen und fragte, was ich denn täte, wenn sie plötzlich aufwachten. Ich lächelte und sagte ihm, dass ich sehr laut poltern müsste, damit sie aufwachen würden. Ich würde einfach leise sein müssen. Aber richtig beruhigt hat es ihn nicht.

Vor der Kirche, von einem niedrigen Steinmäuerchen eingerahmt, befindet sich ein weiterer Meilenstein. Er glänzt vom Regen und scheint auf mich zu warten. *153 km til Nidaros.* An der Mauer lehnt ein Wanderstock, der mir nur allzu bekannt vorkommt. Der treueste Wanderhund sitzt nicht weit davon entfernt. Und ich lächle, als ich Frank erblicke.

»Hey«, begrüßt er mich freudestrahlend und sichtlich erholt. Ohne den gigantischen Rucksack bewegt er sich leichtfüßig auf mich zu. Wir begrüßen uns mit einer flüchtigen Umarmung und ich frage ihn, wie lange er schon auf mich warten würde.

»Na ja, ich wusste ja nicht, wann du kommen würdest, also habe ich mich zeitig auf den Weg gemacht. Hab' mir die Kirche von innen angesehen. Baujahr 1651. Barock. Willst du mal gucken?«, er macht eine einladende Handbewegung und zeigt auf die Kirche.

»Ja, ich will rein«, sage ich zögernd, »aber eigentlich bin ich heute mit jemandem zusammen gegangen. Ich weiß nicht, ob er weiter ins Dorf vorgelaufen ist.«

»So ein schmaler, schlaksiger Typ?«, hakt Frank nach. Ich nicke. »Der ist gleich Richtung Supermarkt abgebogen. War sehr schnell unterwegs. Hat wohl nicht viel Zeit, was?!« Ich grinse. Kurz erzähle ich ihm von Brian und unserem Tag. Dann erkunden wir das Innere der Kirche.

Geräumig scheint sie tatsächlich nur von außen. Von innen wirkt alles irgendwie gestaucht und ich habe das Gefühl, die Decke sei zu niedrig, zumindest im Eingangsbereich. Nach hinten ist es etwas offener und durch die unbemalten Fenster recht hell. Die Orgel in einem türkisfarbenen Anstrich wirkt relativ modern und die Altartafel ist reich verziert und hübsch anzusehen. Der Geruch dieser alten Kirchen ist immer derselbe wie in den Hütten, in denen ich oft untergebracht bin. Es muss das Holz sein. Alt, verbrannt und etwas modrig riecht es. Frank und ich streifen nur kurz durch die Gänge. Ich will lieber draußen noch ein paar Bilder machen. Vor allem vom Meilenstein und dem Ausblick vom Friedhof.

Als wir wieder hinaustreten, hat es endlich aufgehört zu regnen. Perfekt für einige Fotos. Frank, der sicherlich bereits Dutzende Fotos gemacht hat, zückt ebenfalls sein Handy und tut es mir gleich. Als ich vor dem Meilenstein stehe, bitte ich Frank mich zu fotografieren. Die Sonne bricht gerade durch die Wolken und ich setze mich im Schneidersitz vor den steinernen Wegweiser. Lächelnd wende ich mein Gesicht der Sonne entgegen. Ich schließe die Augen und bin für einen Moment unendlich zufrieden. Die Etappe ist geschafft, vor mir liegen gerade einmal noch 150 Kilometer und für heute muss ich mir keine Sorgen mehr um Unterkunft und Verpflegung machen. Frank hat alles arrangiert. Hach, Pilgern kann so schön sein.

»Wer bist du?«, fragte die Raupe. Alice antwortete, etwas befangen: »Ich – ich weiß es nicht recht, diesen Augenblick – vielmehr ich weiß, wer ich heut früh war, als ich aufstand; aber ich glaube, ich muss seitdem ein paar Mal verwechselt worden sein.« »Was meinst du damit?«, frage die Raupe streng. »Erkläre dich deutlicher!« »Ich kann mich nicht deutlicher erklären, fürchte ich, Raupe«, sagte Alice, »weil ich nicht ich bin. Sehen Sie wohl?« »Ich sehe nicht wohl,« sagte die Raupe.

Lewis Carroll, Alice im Wunderland

Tag 22 – Auf Königs Pfaden

▶ 18,2 km ▲ 522 m ▼ 812 m 📍 Meldal

Am nächsten Morgen verlasse ich den idyllischen Hof *Hæverstølen*. Die Ansammlung der kleinen Holzhäuser aus dem 17. Jahrhundert liegt auf einer Anhöhe und ich habe von dort einen wunderbaren Blick ins Tal und die umliegenden Berge. Trotz der fantastischen Aussicht, bin ich etwas aufgewühlt. Der Morgen war seltsam. Frank ist verschwunden und hat keine Nachricht hinterlassen. Ans Telefon geht er auch nicht. Ich kann nur losziehen, in der Hoffnung, ihn im Laufe des Tages einzuholen. Mein Weg führt zunächst abwärts auf dem *Gamle*

Kongevei, dem alten Königsweg. Ich überquere einen Fluss, bevor es wieder hinauf geht und ich die Weiden und Felder auf der anderen Flussseite erspähen kann. Nach einem kurzen Abstecher in den Wald, laufe ich nun auf einer asphaltierten Landstraße. Die Strecke zieht sich wie Kaugummi. Ich gehe am linken Straßenrand, um die heranfahrenden Autos auf meiner Seite zu haben und nicht rücklings von ihnen überrascht zu werden. Endlich soll ich links abbiegen und der Untergrund wechselt von Asphalt zu Schotter. Hier stehen nur wenige Häuser und der Verkehr nimmt deutlich ab. Scheppernde Musik dringt an mein Ohr. Ein Mann steht oberkörperfrei auf dem hölzernen Gerippe eines Dachstuhls. Er scheint damit beschäftigt, die Querverstrebungen zu befestigen. Überall liegen stapelweise meterlange Kanthölzer.

»Na, wohin des Weges?«, fragt er auf Englisch zu mir herunterschauend. Er muss nach einem kurzen Blick auf meine Ausrüstung geschlussfolgert haben, dass ich seine Landessprache nicht spreche.

»Nach Trondheim«, antworte ich selbstbewusst.

»Zu Fuß?«

»Japp.«

»Das sind noch fast 200 Kilometer.«

»Stimmt«, antworte ich ihm erneut knapp und grinse.

»Wie lang läufst du da?« Mittlerweile bin ich stehen geblieben und blinzele etwas von der Sonne geblendet zum Dachstuhl hinauf.

»Also von Oslo bis hier habe ich drei Wochen gebraucht. Und jetzt schätzungsweise noch eine.« Er scheint fassungslos.

»Du läufst zu Fuß von Oslo nach Trondheim? Das sind doch bestimmt 600 Kilometer.«

»643 um genau zu sein«, korrigiere ich ihn, »aber wer zählt schon?« Der Mann schüttelt kurz den Kopf, als wollte jene Information nicht in ebendiesen.

»Da nehme ich lieber das Auto«, sagt er, »da ist man in wenigen Stunden da.« Ich ignoriere diese pragmatische Erkenntnis und lenke seine Aufmerksamkeit auf einen anderen Umstand.

»Wusstest du denn nicht, dass an deinem Haus ein Pilgerweg vorbeiführt?«

»Nein. Pilgerweg? Wie der in Spanien?«

»Ja, so ähnlich«, antworte ich vergnügt.

»Ich bin aus Polen«, entschuldigt sich mein Gesprächspartner, »bin erst vor ein paar Jahren nach Norwegen ausgewandert.« Und dann erzähle ihm vom heiligen Olav.

»Olav wurde im 10. Jahrhundert als Wikinger geboren, als Sohn des Wikingerkönigs Harald genauer gesagt. König Harald hatte seinerzeit große Teile Norwegens zu einem Königreich vereint. Nachdem der junge Olav seine ungestümen Jahre auf See damit verbracht hatte von England Schutzgelder zu erpressen, fand er sich schließlich am Hofe Richards des II. ein. Dort konvertierte er zum Christentum und ließ sich taufen. Zurück in Norwegen wurde er alsbald König und begann sein Volk zum Christentum zu bekehren. Dabei ging es mitunter sehr brutal zu. Olav hatte zwar die Lehren des Christentums angenommen, konnte aber den Wikinger nie gänzlich hinter sich lassen. Bei einem seiner gewalttätigen Christianisierungsmissionen wurde Olav getötet und sein Leichnam wurde in Nidaros, dem heutigen Trondheim, begraben. Der Sage nach begab es sich, dass an seinem Grab unerklärliche Dinge geschahen. Eine Quelle soll dort entsprungen sein und Kranke, die daraus tranken, waren mit einem Male geheilt. Die Menschen forderten die Exhumierung des Leichnams und tatsächlich hatte sich dieser auch nach einem Jahr unter der Erde nicht verändert: Die Wangen noch rosig, Haare und Fingernägel gewachsen, wurde Olav heiliggesprochen. Danach begannen gläubige Christen nach Nidaros zu pilgern, um an diesem Wunder teilzuhaben und zur Erleuchtung zu gelangen. Es entstand ein Wegnetz, welches sich über Norwegen und Schweden bis nach Dänemark erstreckt und eine Länge von etwa Fünftausend Kilometer umfasst.

Die Pilgerungen wurden nach der Reformation, als Norwegen protestantisch wurde, verboten und erst mit Beginn des 20. Jahrhundert wieder zum Leben erweckt. Im 21. Jahrhundert wurde die Infrastruktur soweit ausgebaut, dass man den Olavsweg nun in bequemen Tagesetappen wanden kann. 2010 ist er dann zur Europäischen Kulturstraße ernannt worden und vollends ins Kulturerbe Norwegens übergegangen. Von ebendieser Bequemlichkeit profitiere ich nun. Mit Unterkunftsmöglichkeiten alle dreizehn bis dreißig Kilometer, Supermärkten, Restaurants und den üblichen Annehmlichkeiten des 21. Jahrhunderts (Was würde ich ohne Internetzugang machen?!) ist das Pilgern wohl lange nicht mehr so urig wie zu Olavs Zeiten. Einzig die zu einem Pilgerweg dazugehörenden Kirchen erhalten den ursprünglichen Charakter des Pilgerns aufrecht.«

Mein Zuhörer nickt beeindruckt. »Hast du Durst? Du hast bestimmt Durst. Warte, ich hole dir ein Glas Wasser.«

Ohne auf eine Antwort zu warten, klettert der Mann, der eben noch andächtig meinen Erzählungen gelauscht hat, flink vom Dachstuhl seines Eigenheims herunter. Ich trippele ein wenig auf der Stelle herum, als mein Blick an etwas auf der anderen Straßenseite hängen bleibt. Neben einer Bank, die von Bäumen und Sträuchern umgeben ist, lehnt ein mir bekannter, knorriger Wanderstock. Ich sehe mich nach allen Seiten um, aber Frank oder Adi sind nirgends zu entdecken. Der Mann auf der anderen Seite des Zaunes kommt nun mit einem vollen Wasserglas auf mich zu und reicht es mir.

»Entschuldigung, hast du jemanden mit Hund hier vorbeikommen sehen?«, frage ich, während ich ihm das Glas abnehme. »Ein Mann, Mitte Fünfzig, großer schwarzer Rucksack, der Hund ist dreifarbig und hat langes Fell«, schließe ich meine Beschreibung.

»Ja, der muss vor zwei Stunden hier entlanggelaufen sein.« Ich nehme hastig ein paar große Schlucke vom eiskalten Wasser und bedanke mich.

»Viel Erfolg noch beim Hausbau. Und stell dich auf weitere Pilger ein«, sage ich und wende mich zum Gehen.

»Danke, das werde ich. Gute Reise weiterhin!«

Im nächsten Moment verabschiede ich mich und lasse den Heimwerker allein zurück. Frank ist etwas langsamer als ich, folglich müsste ich ihn einholen können. Ich ergreife den Wanderstock und eile dem Wegweiser folgend los. Es dauert über eine Stunde, bis ich endlich auf Frank und Adi stoße.

An einer Holzhütte entdecke ich die beiden. Die Tür steht offen. Anscheinend haben sie sich für eine Rast zurückgezogen. Adi bellt freudig bei meiner Ankunft.

»Hey, da bist du ja«, rufe ich Frank entgegen, als er sich zu mir umdreht. »Ich habe dir etwas mitgebracht«, sage ich, als ich direkt vor ihm stehe und überreiche ihm seinen Wanderstock.

»Wo hast du den denn gefunden?«, will er wissen und ich höre Erleichterung in seiner Stimme.

»Der lehnte einsam und verlassen an einem Baum. Ich glaube, der hatte gehofft, dass du zu ihm zurückkehrst. Oder hast du ihn mir als eine Art Brotkrumen dagelassen, damit ich zu dir finde?« Frank senkt den Blick.

»Sag mal, wie oft hast du den jetzt eigentlich irgendwo stehen lassen?«, frage ich. Frank lacht kurz laut auf und betrachtet seinen knorpeligen Wanderstock. Es ist ein wirkliches Unikat, in seinem Heimatort in Ostfriesland speziell für ihn handgefertigt mit einigen aus Metall schimmernden Wappen und seinen Initialen darauf.

»Ich weiß nicht, aber auf die eine oder andere Art und Weise findet er immer wieder den Weg zu mir zurück.«

»Vielleicht ist das sein Zauber. Er verbindet dich mit den Orten und Menschen hier in Norwegen. Weißt du noch das eine Mal? Da ist uns sogar der Ladenbesitzer hinterhergelaufen, um ihn dir wiederzugeben«, erinnere ich mich. Wieder lacht Frank auf und ich weiß, der Schrecken des Morgens hat nachgelassen.

»Ja, das weiß ich noch. Meistens musste ich aber selbst zurück. Einmal hatte ich bereits die halbe Tagesetappe hinter mich gebracht, nur um dann umkehren zu müssen und den Stock zu holen. Ich kann nur vermuten, wie viele extra Kilometer ich wegen des Dings gelaufen bin, aber es waren sicherlich einige.«

»Dann bist du mir ja bestimmt dankbar, die extra Meilen heute gespart zu haben.«

»So dankbar, dass du entscheiden darfst, wie wir von hier aus weitermachen wollen. Heute haben wir ja nicht nur die Qual, sondern auch die Wahl«, erinnert uns Frank. Es stimmt, wir können heute entweder gemächlich am Ufer des Flusses *Orkla* entlanglaufen oder den aussichtsreicheren, aber steileren Weg hoch oben in den Wäldern nehmen.

»Ich würde den Wald bevorzugen«, sage ich, »zumal wir nachher noch zwei Kilometer auf der Landstraße gehen müssen. Die Westvariante ist zwar entspannter, aber dafür näher am Straßenverkehr.«

»Okay. Dann Ostvariante«, bestätigt Frank und klopft sich mit den flachen Händen auf die Oberschenkel, bevor er sich aufrichtet und seinen Rucksack auf die Schultern hievt. Auch Adi erhebt sich, etwas schwergängiger als sonst, streckt sich gähnend und springt dann von seinem leicht erhöhten Platz in der Holzhütte auf den weichen Waldboden.

Nachdem wir zunächst die breite *Orkla* auf einer Brücke überqueren, um anschließend der stark befahrenen Landstraße den Rücken zu kehren, gelangen wir schließlich durch ein Holztor in den Wald. Ein Pfad schlängelt sich am dicht bewachsenen Hang entlang, immer steiler nach oben. Wir passieren Weideland und müssen dafür Holztore öffnen und hinter uns schließen. Immer wieder sind uns schöne Blicke auf den Fluss vergönnt. Die steilen Passagen bringen sowohl Frank, als auch mich ins Schwitzen. Adi hat sichtlich Spaß am pfotenschonenden und schattenspendenden Waldspaziergang, er zieht Frank geradewegs vorwärts.

Als wir wieder an der Straße ankommen, sind sowohl Adis Enthusiasmus, als auch seine Energie scheinbar aufgebraucht. Die Sonne brennt heiß auf den Asphalt herunter und Frank muss ihn immer wieder überzeugen, weiter zu laufen. Wir eilen von einem schattigen Fleck zum nächsten, als hüpften wir von einer Insel zur nächsten. Adi hechelt schwer und als wir endlich auf dem Bauernhof und damit der Unterkunft des heutigen Tages ankommen, legt er sich unter eine Hängematte und weigert sich erneut aufzustehen. Wir belassen ihn dort und nachdem wir uns bei der waschechten Bäuerin angemeldet haben, schaukele ich mit einer kühlen Limo in der Hand in einer Hängematte. Vom Hof hat man eine wunderbare Sicht auf die Felder ringsum. Kleine Kätzchen wälzen und balgen sich in der Sonne vor Adi. Den stört das herzlich wenig, bekommt er doch von alldem selig schlummernd nichts mit.

»Ich nehme eine Dusche«, ruft Frank zu mir herüber, »aber keine Sorge, ich lass dir Adi als Pfand zurück.« Ich lache und wünsche ihm viel Spaß. Der Hof hält drei urige Hütten für Pilger bereit. Eine kleinere mit zwei Betten, eine größere mit fünf und das Haupthaus mit mehreren Doppelzimmern zum Übernachten. Wir haben die kleinere Blockhütte gewählt, denn darin ist auch Adi gestattet. Die Dusche befindet sich in einem Nebengebäude und ich kann Frank beobachten, wie er gerade mit Sack und Pack genau dorthin verschwindet. Nach einer Weile kommt er wieder heraus, mit ihm eine Wolke aus heißer, feuchter Luft und dem blumigen Duft von parfümierter Seife. Er setzt sich zu mir in den Schatten und Adi legt seine Nase auf Franks Füße.

Endlich räuspert er sich und setzt zu einem Gespräch an. Es dauert eine Weile bis er endlich sagt: »Wegen heute Morgen…« Er stockt.

»Ja, was war denn los? Du warst einfach verschwunden.«

»Ich weiß. Ich wollte auf die Toilette, aber die Tür war verschlossen und der Schlüssel war in eurem Haus. Das war ebenfalls abgeschlossen.«

»Dann hättest du doch klopfen können«, entgegne ich.

»Ich glaube, du verstehst nicht. Ich habe geklopft, keiner hat mir aufgemacht. Da bin ich losgelaufen.« Er klingt etwas verzweifelt.

»Ich habe nichts gehört. Wie früh war es denn? Ich muss wohl noch geschlafen haben. Ein Zettel oder so, wäre nett gewesen.« Frank macht nur »Mhm«.

»Aber es tut mir ehrlich leid, dass du nicht auf die Toilette gehen konntest. Ich hatte den beiden anderen extra gesagt, sie sollen die Tür nachts nicht abschließen, weil du im anderen Haus übernachtest und auch ins Badezimmer musst.«

»Danke«, sagt Frank, »aber das ist wohl nicht zu denen durchgedrungen.«

»Ich hätte es noch einmal überprüfen sollen, aber ich war so müde gestern Abend. Ich bin einfach eingeschlafen.«

»Es ist nicht wirklich deine Schuld«, beteuert er, »jeder normale Mensch hätte gewartet. Aber bei mir ist das anders. Mein Programm konnte nicht laufen, wie geplant. Ich wusste nicht, was ich tun soll oder wie lange ihr noch schlaft. Da blieb für mich nur, einfach loszulaufen.« Ich nicke.

»Verstehe. Ich habe mir nur Sorgen gemacht.« Jetzt huscht ein Lächeln über sein Gesicht.

»Das wollte ich nicht.« Frank scheint ernsthaft betrübt. »Ich verspreche hiermit, dir beim nächsten Mal Bescheid zu geben, bevor ich gehe.«

»Gut. Und ich werde ab jetzt immer überprüfen, ob du Zugang zu allen stillen und nicht stillen Örtchen hast«, gebe ich zurück und lächle.

Frank und Adi sind so etwas wie Familie für mich geworden hier auf dem Trail. In der Community spricht man auch von einer sogenannten *tramily*, einer Trail-Familie. Das ist eine Gruppe von Menschen, die sich auf einer längeren Wanderung findet und zusammenschließt, um den Weg gemeinsam zu gehen. Man achtet aufeinander und unterstützt sich gegenseitig. Frank und ich haben uns heute ein wenig aus den Augen verloren. Das passiert in den besten Familien. Es ist nicht immer einfach, die individuellen Bedürfnisse zu erfüllen. Wir haben uns jedoch wiedergefunden und Besserung geschworen. Und das ist, was Familie ausmacht.

O schaurig ist's über's Moor zu gehn,
Wenn es wimmelt vom Heiderauche,
Sich wie Phantome die Dünste drehn
Und die Ranke häkelt am Strauche,
Unter jedem Tritte ein Quellchen springt,
Wenn aus der Spalte es zischt und singt,
O schaurig ist's über's Moor zu gehn,
Wenn das Röhricht knistert im Hauche!

Annette von Droste-Hülshoff, Der Knabe im Moor

Tag 24 – Wann sind wir endlich daaa?!

▶ 30,5 km ▲ 1027 m ▼ 1090 m 📍 Skaun

Heute fällt es mir schwer aufzustehen und loszugehen. Ich weiß nicht genau, woran es liegt. Das Laufen ist hart. Der Rucksack ist schwer. Es ist schwül. Es regnet. Ich fühle mich schlapp. Ich will nicht mehr. Ich will da sein. Ich werde von einer Wespe gestochen. Autsch! Ich fluche. Frank neben mir ist verstummt. Vermutlich weiß er bereits, dass er mir in dieser Stimmung besser nichts entgegnet. Stattdessen verschwindet er stumm in einem Supermarkt und kommt mit zwei eiskalten Dosen Limo wieder heraus, von denen er mir eine sanft auf den

Wespenstich auf meinem Handrücken legt. Die Dose ist angenehm kühl und ich drücke ein »Danke« heraus. Wir sind in einem kleinen Dorf angekommen, dessen Name mir heute egal ist, und haben uns ein Stück Pizza gegönnt. Offensichtlich hatte die Wespe auch Lust auf Pizza. Ich seufze. Der Nieselregen wird stärker und wir beschließen uns in die Kirche zu setzen, die sich schüchtern hinter einem Friedhof versteckt. In der Kirche ist es angenehm kühl und trocken. Die feuchte Schwüle draußen setzt mir zu. Adi liegt hechelnd vor dem Eingang der Kirche und schaut sehnsüchtig zu uns hinein. Frank hat ihm verboten hineinzugehen. Ich setze mich auf eine der hölzernen Bänke und seufze erneut. Die Dose zischt, als ich sie öffne.

»Was hältst du davon, wenn wir ein Stück mit dem Bus fahren?«, fragt Frank in das Trommeln des Regens hinein. Ich nehme einen Schluck Limo und schaue zu ihm hinauf. »Wir würden den Regen im Bus aussitzen. Die nächsten fünfzehn Kilometer führen leider ausschließlich über die Landstraße dort draußen.« Er nickt in Richtung Straße. Ich weiß, was ihm Sorgen bereitet, Adi. Dieser Hund ist ein treuer Gefährte, aber mit seinem langen, dichten Fell leidet er unter zwei Bedingungen sehr: heißen Temperaturen und Regen. Von beidem hatten wir in diesem Sommer bisher reichlich. Der Stich in meinem Handrücken brennt. Ich überlege. Das würde bedeuten, dass ich die Etappe heute verlängern und einen Tag früher in Skaun eintreffen könnte, als geplant. Wir hatten den Tipp gestern von einem Pilger bekommen, der den Olavsweg rückwärts, also von Trondheim nach Oslo, läuft.

»Okay«, sage ich und lächle zögerlich. Frank nickt erneut und geht hinaus in den Regen, um den Busfahrplan zu studieren. Ich kenne ihn mittlerweile so gut, dass ich seine Stimmung deuten kann. Der anstehende Abschied macht ihm zu schaffen. Wir wussten beide, dass heute der Tag sein würde, an dem wir das letzte Mal gemeinsam laufen. Trondheim würden wir getrennt voneinander erreichen. Es ist schwer. Aber es ist auch wichtig für uns, die Pilgerreise allein abzuschließen. Letzten Endes macht jeder diese Reise für sich. Es grenzt an ein Wunder, dass wir die vielen Kilometer überhaupt gemeinsam gehen konnten. Ich spüre Dankbarkeit für die Unterstützung und Motivation, die wir einander gegeben haben, die Gespräche, die wir geführt haben und dass wir miteinander schweigen konnten.

Der fast leere Bus arbeitet sich über die kurvige Landstraße vor bis Svorkmo. Für umgerechnet einen Euro fünfzig kann man in Norwegen Bus fahren. Das einzig günstige in diesem ansonsten exorbitant teuren Land. Frank und ich schweigen. Die letzten Minuten zerfallen zu gemeinsam verbrachter Einsamkeit. Vor meinem inneren Auge erscheinen Erinnerungen, wie Fotografien. Von Frank, der mich nach einem regnerischen Tag im Fjell empfängt. Von heißen Waffeln mit Marmelade und Frischkäse in einem Café im Nirgendwo. Von Fisch und Bratkartoffeln auf dem Campingkocher. Und immer wieder Adi. Adi, der Frank flankiert. Adi, der mir im Schatten eines Baumes liegend entgegen hechelt. Adi, dessen feuchte, kalte Nase meine Hände nach Essensresten absucht. Und die Erinnerungen reihen sich aneinander, werden zu einem Kurzfilm, der sich über zwei Leben erstreckt oder nur zwei Wochen umfasst. Als ob man ein Brennglas über die Zeit hielte. Bei genauer Betrachtung dehnt sie sich aus, gleichzeitig ist sie gnadenlos flüchtig. Ein Widerspruch, der auch in der Rückschau unlösbar bleibt. Dann hält der Bus. Eine Bushaltestelle im Niemandsland. So scheint es zumindest

Wir steigen aus. Stille. Unsere Blicke gehen Richtung Boden. Ich knie mich zu Adi hinunter und meine Hände fahren durch sein dickes Fell. Ich lege meine Stirn auf seine und drücke meine Nase ein letztes Mal in sein Fell. Der Rucksack zieht mich zurück Richtung Boden, als ich mich erhebe, und Frank stützt meine Ellenbogen, damit ich nicht umfalle. Wir umarmen uns. Wieder Stille.

»Pass auf Adi auf«, sage ich.

»Und du schreib mir, wenn du in Trondheim bist«, erwidert er. Unbeholfen zurren und zupfen wir beide ein letztes Mal an unseren Rucksäcken herum und drehen uns in unterschiedliche Richtungen. Ein letzter Gruß. Ein Winken. Dann bin ich wieder allein. Zwanzig Kilometer liegen heute noch vor mir. Ich atme tief durch und laufe los.

Mein Weg führt mich zunächst eine Schotterstraße entlang und dann an einem See vorbei. Anschließend passiere ich eine Lichtung mit Unterstand und schließlich wandere ich durch ein Moorgebiet. Abgeholzte Waldstücke wechseln sich mit Sumpflandschaften ab. Es wirkt alles verlassen. Öde. Tot. Die selbstbestimmte Einsamkeit wird greifbar, macht dann aber schnell der Langeweile Platz. Langeweile kennen Erwachsene kaum mehr. Überall wartet die Realität mit den verschiedensten Möglichkeiten der Zerstreuung auf, wenn es im stressigen Alltag überhaupt Raum für Leerlauf gibt. Lässt man die Langeweile dann doch einmal zu, kann sie einen in den Wahnsinn treiben. Deshalb darf sie höchstens für eine Stippvisite bleiben. Gerade so lang, bis sie der Kreativität Platz macht.

Beim Wandern bedeutet Langeweile vor allem Zeit zur Reflexion. Da werden Gedanken einsortiert und wieder aussortiert, der gesamte Kopf aufgeräumt und umgestellt. Und weil das anstrengend sein kann, habe ich manchmal keine Lust darauf und lasse mich lieber ablenken. Ein Umstand, der dazu führt, dass ich das ein oder andere Mal zu einem Hörbuch oder Podcast gegriffen habe, um mir die Zeit zu vertreiben. Aber nicht heute. Heute erinnere ich mich an ein Gedicht und so erschafft meine literarische Erinnerung den Soundtrack zu meiner Wanderung.

Es ist eine Ballade von Annette von Droste-Hülshoff. *Der Knabe im Moor.* Darin erschafft die Phantasie des Helden allerhand geisterhafte und bedrohliche Kreaturen. Die Natur wird zum Feind, vor dem es zu flüchten gilt. *O schaurig ist's über's Moor zu gehn.* Die erste Strophe bekomme ich noch auswendig hin. Die zweite muss ich googeln. Ich spreche sie so oft murmelnd vor mich her, bis ich sie ebenfalls auswendig kann. Mein Weg führt mich hinauf auf eine Hochmoorfläche. Der Blick weitet sich das erste Mal seit langem. Mannshohe Wurzeln, knorrige Baumstümpfe und über allem ein grauer Postregenhimmel. Die Schwüle hat nachgelassen, das Klima fernab hitzespeichernder Häuser und Teerstraßen ist angenehm kühl. Wie in der Ballade gehe ich durch ein Feld mannshoher Gräser, *Riesenhalme wie Speere.* Der Boden unter mir gibt schmatzende Laute von sich, sobald ich darüber gehe. *Unter jedem Tritte ein Quellchen springt.* Manchmal sacke ich so tief ein, dass ich meinen Fuß mit einigem Kraftaufwand und einem laut schmatzendem »Pflopp!« wieder aus dem Boden herausziehen muss. Das ist anstrengend. Auf langen Strecken sind Holzbohlen ausgelegt, die das Vorwärtskommen erleichtern.

Ich wiederhole die Wörter und Verse, die mir besonders gut gefallen immer wieder. *Wenn es wimmelt vom Heiderauche, / Sich wie*

Phantome die Dünste drehn / Und die Ranke häkelt am Strauche. Es amüsiert mich, wie die Beschreibung der Moorlandschaft im Gedicht meiner tatsächlichen Umgebung so sehr ähnelt. *Vom Ufer starret Gestumpf hervor.* Und auch wenn die Natur hier weder bedrohlich noch gespenstisch erscheint, stelle ich mir vor, wie ich – allein zurückgelassen im Moor – den Weg zurück nach Hause finden muss. Manchmal laufe ich dann mehr, als dass ich wandere. Das gedämpfte Licht und meine schmatzenden Schritte sind meine Wegbegleiter. Ich wiederhole die Strophen immer und immer wieder. *Was raschelt drüben am Hage?* Meine Stimmung widerspricht der geisterhaften Bedrohung der Natur im Gedicht und steigt trotz wachsender Trostlosigkeit der Umgebung. *Unheimlich nicket die Föhre.* Meine Schritte sind entschlossen. Das Ziel fest im Blick und die Vorteile der zwar trüben, aber lichtspendenden Mitternachtssonne auf meiner Seite lege ich Kilometer um Kilometer durch diese mystische Landschaft zurück. *Und wie es rieselt und knittert darin.* Angst habe ich keine, weder vor wilden Tieren noch vor unwirklichen Bedrohungen. Zumindest ist das der Fall, solange ich laufe. Der Wald beschützt mich, Flussläufe liefern lebenswichtiges Trinkwasser und die Tiere sind bestenfalls neugierige Beobachter. In der Regel haben sie eher Angst vor mir und nicht umgekehrt.

In Droste-Hülshoffs Gedicht gibt es Hoffnung auf ein heilvolles Ende. Der titelgebende Knabe hat einen *Schutzengel in seiner Näh*. Doch anders als in der Ballade, in der der Knabe mit dem Erreichen des sicherem Heims Erleichterung verspürt, erlebe ich eine oft irrationale Furcht beim Betreten der Hütten. Dann werden Schatten und Geräusche zu Geistern und Dämonen. Dann fürchte ich mich vor dunklen Ecken und Nischen, in denen ich Unbekanntes vermute. Dann sehe ich unter dem Bett und im Schrank nach, ob sich dort nicht jemand oder etwas vor mir versteckt. Es ist das Grauenhafte der Zivilisation, das mich erschreckt. Oder das, was ich aus menschengemachten Horrorfilmen davon zu fürchten gelernt habe. Unsere Fantasie kann gleichermaßen Ungeheuerliches wie Wunderbares erschaffen. Da ist es erstaunlich, dass sie sich derart häufig für das Grausame entscheidet. Als wäre die Langeweile eine Leinwand, auf deren rauer, farbloser Oberfläche das Chaos die Führung übernimmt, sobald die Routine Pause macht.

Allmählich lichtet sich der Wald und ich finde mich auf einer Straße wieder. Es ist spät, fast 22 Uhr, *thru-hiker midnight* sozusagen. Straßenlaternen in unregelmäßigen Abständen spenden spärliches Licht im aussichtslosen Wettkampf mit der Mitternachtssonne Norwegens. Ich folge einem Zaun, der den Friedhof und die Kirche von Skaun umschließt. Er führt mich geradewegs ins Dorfzentrum. Das Gemeindehaus, in dem ich heute übernachten werde, liegt im Dorfkern zwischen Kirche, Acker, Parkplatz und einem *Coop* Supermarkt. Die für Norwegen typische rote Holzverkleidung wird von einigen erleuchteten Fenstern unterbrochen. Das Licht, das bereits dem Knaben in der Ballade ein heimeliges Gefühl beschert hat, erfasst nun auch mich. Nach einem Tag, der durchsetzt war von Regen, Abschied und Trostlosigkeit, freue ich mich nun auf trockene Kleidung, ein warmes Bett und vielleicht ein bisschen Gesellschaft.

Der Raum, in den ich trete, ist nur spärlich beleuchtet und beherbergt etwa zwanzig Feldbetten, von denen fast alle besetzt sind. Auf der Suche nach einem freien Bett, schleiche ich durch die Gänge, um die Schlafenden nicht zu wecken. Hier und dort blicke ich in wache, mir entgegenblinzelnde Augen, eine Frau sitzt auf ihrem Bett und lächelt mich an. Ich lächle zurück.

»Hi«, flüstere ich und lasse meinen Rucksack auf das Bett ihrem gegenüber gleiten.

»Du kommst aber spät«, sagt sie leise auf Englisch und blickt mich neugierig an, »woher kommst du?«

»Aus Deutschland«, antworte ich flüsternd, »und du?« Sie kichert fast geräuschlos.

»Nein, ich meine heute. Aber gut, dann können wir auf Deutsch weitersprechen. Ich bin Christina.« Bei dem letzten Satz streckt sie mir ihre Hand hin und ich stelle mich vor.

»Ich bin heute von *Segard Hoel* gestartet und habe zwei Etappen zusammengenommen«, flüstere ich und als sie mich ungläubig anschaut, ergänze ich lächelnd: »Aber ich habe auch einen Abschnitt mit dem Bus übersprungen.«

»Okay«, gibt sie erleichtert zurück, »ich dachte schon du wärst eine von diesen Verrückten, die vierzig, fünfzig Kilometer am Tag laufen.« Aus einer Ecke erklingt ein »Psst!« und wir kichern leise. »Lass uns morgen weiter quatschen«, schlägt Christina vor und ich nicke.

»Gute Nacht«, sage ich kaum vernehmlich und während sie in ihren Schlafsack schlüpft, mache ich mich daran, meinen Rucksack so leise wie möglich zu entleeren, um es ihr schnellstmöglich gleich zu tun. Es wird eine unruhige Nacht mit unendlich vielen Geräuschen und Bewegungen, die ich nicht zuordnen kann und mich immer wieder aufschrecken lassen.

»Alice, man darf sein Leben nicht nach anderen richten. Du allein musst die Entscheidung fällen.«

Lewis Carroll, Alice im Wunderland

Tag 25 – Allein ist man weniger zusammen

▶ 18,2 km ▲ 582 m ▼ 668 m ♥ Melhus

Alleinsein gehört zum Pilgern, wie der ständige Hunger und die Blasen an den Füßen. Ich würde sogar so weit gehen, zu behaupten, es ist ein unverzichtbarer Bestandteil des Pilgerns. Nach einem Tag, der von sozialen Interaktionen und dem Erfüllen fremder Bedürfnisse durchsetzt ist, kann es eine Wohltat sein, nur den eigenen Bedürfnissen zu folgen. Allein läuft es sich anders als in Gesellschaft. Keine Kompromisse, kein geteiltes Leid, keine Gespräche, nur Gedanken und der ewig dumpfe Rhythmus der eigenen Schritte.

Doch manchmal bringt das Alleinsein einen ungebetenen Gast mit und das ist die Einsamkeit. Sie ist dazu in der Lage mich zu lähmen. Schwer und widerspenstig legt sie sich auf alles, was in Gesellschaft ertragbar, vielleicht sogar schön gewesen wäre und macht es unerträglich. Ungewollte Einsamkeit schmerzt mich wie eine offene Wunde, und die Leichtigkeit der anderen ist das Salz darin. Ein Gefühl von Einsamkeit kann sich bei mir auch einstellen, wenn ich mich in einem Raum voller Menschen befinde. Tatsächlich hatte ich meine einsamsten Momente, als ich von vielen Menschen umgeben war. Es ist merkwürdig: Bin ich doch die meiste Zeit meiner Wanderungen wirklich a l l e i n. In den stillen Wäldern, den gespenstischen Hochmooren und selbst in den leeren Holzhütten, die mir allabendlich aufgeschlossen werden, fühle ich mich nie wirklich einsam. Denn allein sein, also ohne Anwesenheit anderer Menschen zu sein, ist für mich prinzipiell kein Problem, auch wenn ich mich häufig schwermütiger erlebe, als in Gesellschaft anderer. Gleichzeitig kann ich unglaublich produktiv sein, wenn ich allein bin, trotz oder gerade weil ich dabei immer etwas leide. Allein werde ich erfinderisch und gerate in ein gewisses Handeln. Es ist eine Art Leidensdruck, also die durch Leiden entstandene Notwendigkeit zu handeln.

In den letzten Tagen boten sich mir, im Gegensetz zum ersten Abschnitt meiner Reise, wenige Gelegenheiten zum Alleinsein. Den Höhepunkt markiert die letzte Nacht im Gemeindehaus von Skaun mit etwa fünfundzwanzig anderen Mitpilgern. Heute Morgen bin ich regelrecht geflüchtet, um ein wenig allein zu sein. Als ich jedoch nach wenigen Kilometern auf Christina treffe, die früh am Morgen aufgebrochen war, freue ich mich trotz alledem, einen Teil der heutigen Etappe mit ihr gemeinsam gehen zu können. Sind es anfangs noch breite Wege, bewegen wir uns bald auf zugewachsenen Trampelpfaden.

Christina ist eine zurückhaltende, sportliche Frau, die immer zu lächeln scheint. Ihre braunen, schulterlangen Haare stecken in einem Pferdeschwanz, und wenn sie lacht, was sie oft tut, entblößt sie eine Reihe perfekt weißer Zähne. Ich schätze sie auf Ende dreißig. Ihre Energie lässt sie jünger wirken, ihre besonnene Art auf Fragen zu antworten wiederum reifer. Ich mag Christina. Sie strahlt eine Wärme aus, mit der ich mich gerne umgebe.

»Und woher kommst du?«, fragt sie mich, als wir gerade auf eine Bank unter einem Baum zusteuern. Es ist ein schöner Platz, der weite Blicke über die Wälder bietet, die wir soeben durchwandert haben und ich bin dankbar für eine Pause.

»Ich bin aus Berlin. Und du?«

»Ach cool, Berlin. Tolle Stadt. Ich komme aus Hamburg.« Ich nicke lächelnd und wir setzen uns auf die warme Holzbank. Ich ziehe meine Wasserflasche aus der Seitentasche meines Rucksacks.

»Und bist du in Oslo gestartet?«, will sie weiter wissen.

»Ja, du auch?«, frage ich zurück und sie nickt.

»Unglaublich, dass wir in ein paar Tagen da sein werden. Nur noch 38 Kilometer. Ich kann das noch gar nicht glauben.« Wieder nicke ich und nehme einige große Schlucke aus meiner Wasserflasche.

»Freust du dich aufs Ankommen oder graut es dir auch ein bisschen davor?«, frage ich sie etwas atemlos, nachdem ich die Flasche abgesetzt habe.

Sie legt den Kopf schief und sieht mich nachdenklich an. »Schwer zu sagen. Ein bisschen von beidem wahrscheinlich. Ich freue mich darauf, nicht mehr laufen zu müssen, aber ich finde das Land so unglaublich schön. Das alles wird mir fehlen.«

»Was wirst du als erstes machen, wenn du in Trondheim ankommst?«

»Ich werde diese Treter da hinten wegwerfen und mir Sandalen kaufen!«

Daraufhin muss ich lachen. »Oh ja, das ist eine hervorragende Idee. Hast du manchmal auch das Gefühl den Sommer übersprungen zu haben?«

»Also übersprungen haben wir ihn sicher nicht. Schließlich sind wir mitten hindurch gelaufen. Aber ich weiß, was du meinst. Und sicher war ich manchmal neidisch auf alle, die sich faul in der Sonne geaalt haben und deren einziger Fußweg, der zur Eisdiele war.« Sie legt eine kurze Pause ein, in der sie einen

Müsliriegel aus seiner Verpackung wickelt. »Aber um nichts in der Welt würde ich diese Erfahrung eintauschen wollen. Ich gehe mit viel mehr Energie aus meinen Ferien, als ich hineingegangen bin, obwohl ich über 600 Kilometer gelaufen bin. Ist das nicht erstaunlich?«

»Für mich ist das auch immer noch kaum zu glauben und erklärt sich mir nur folgendermaßen: Es ist nicht die körperliche Erholung gewesen, die ich gebraucht habe. Es ist wohl eher eine Auszeit im Kopf, die mir gefehlt hat.«

»Ich habe neulich von einer amerikanischen Untersuchung gelesen«, sagt Christina kauend. »Es ging darum, dass wir Erholung häufig mit Nichtstun verwechseln. Dabei brauchen wir je nachdem welcher Art von Belastung wir mehrheitlich im Leben ausgesetzt sind, verschiedene Arten der Entspannung. Bewegung für Menschen, die viel sitzen und sich konzentrieren müssen. Achtsamkeitsübungen, Meditation oder Musik für alle, die großem Stress und Lautstärke ausgesetzt sind. Beine hoch und nichts tun für diejenigen, die anstrengenden körperlichen Aufgaben nachgehen müssen. Und ein Defizit an sozialer oder emotionaler Ausgeglichenheit lässt sich zum Beispiel durch eine kreative oder sinnstiftende Tätigkeit ausgleichen.«

»Interessant«, antworte ich, »und was brauchst du?«

»Ich bin wahrscheinlich auf jede erdenkliche Art erholungsbedürftig«, sagt sie lachend. »Mein Job erfordert sehr viel Multitasking und ich nehme meine Arbeit sehr ernst, was leider dazu führt, dass ich viele Dinge mit nach Hause nehme. Sozial und emotional brauche ich auf jeden Fall auch Entspannung.«

»Aber dann ist es ja logisch, dass dir das Laufen genau die Erholung gibt, die du suchst. Du musst keine Bedürfnisse erfüllen, bist in der Natur, körperlich aktiv und erfüllst auch noch einen höheren Sinn.«

»Das ist doch aber für jeden die perfekte Erholung, oder?«, stellt Christina pragmatisch fest.

»Na, Problem gelöst!«, sage ich. »Es müssen einfach alle pilgern gehen, vielleicht gäbe es dann weniger Menschen mit Burnout!« Christina grinst.

Wir schweigen eine Weile und mein Blick wandert über die weichen Hügel unter mir und den dicht bewachsenen Wald vor mir. Plötzlich erhebt sich Christina und winkt energisch jemandem hinter mir zu. Eine blonde Frau kommt in eiligen Schritten auf uns zu. »Hallo Birgit«, begrüßt Christina sie und stellt uns einander vor.

»Bist du die mit den Riegeln?«, fragt sie mich unvermittelt und blickt mich mit großen Augen an. Ich bin zu perplex, um zu antworten und reagiere stattdessen nur mit einem ratlosen: »Äh?«

»Auf dem Weg lagen immer mal wieder Haferriegel mit kleinen Botschaften, da stand dein Name drunter«, erklärt sie, »ich habe selbst ein oder zwei entdeckt und habe auch von anderen gehört, die die Riegel gegessen haben.« Ich schmunzele.

»Ja, die waren wohl tatsächlich von mir. Haben sie dir geschmeckt?«

»Ja, besonders mit den wilden Blaubeeren und Himbeeren, die hier überall wachsen, schmecken sie fantastisch.«

»Das freut mich. Ich konnte sie nämlich nach weniger als einer Woche nicht mehr ausstehen. Aber wie kommt es, dass wir uns noch nicht begegnet sind?«

»Ach, ich gehe relative schnell. Ich habe nicht viel Zeit für die Strecke. Wenn du in Trondheim ankommst und ein bisschen wartest, könntest du auf mehr Leute treffen, die von deinen Riegeln profitiert haben.«

Wir beschließen den Rest der Etappe gemeinsam zu gehen. Birgit ist Businessfrau durch und durch, sie arbeitet als Projektmanagerin in einem großen Unternehmen. Es wundert mich nicht, dass sie zügiger unterwegs ist als die meisten, denn sie wirkt zackig und durchsetzungsfähig. Sie redet unglaublich schnell und viel und mir wird schwindelig beim Zuhören, sodass ich gedanklich manchmal abdrifte und froh bin, wenn Christina die interessierte Gesprächspartnerin mimt. Ich genieße stattdessen die weiten Blicke über den Fjord und die Bucht

Buvikbukta. Als wir schließlich an einem Fluss ankommen, der uns das Weiterwandern unmöglich macht, können wir das Tagesziel von Weitem erkennen. Der Bauernhof *Sundet Gård* liegt auf der anderen Flussseite der *Gaula.* Direkt davor schaukelt ein kleines Boot, das als Fähre dient, im Wellengang.

Der Fährmann, den ich heute Morgen telefonisch über meine Ankunft informiert habe, bemerkt uns, winkt kurz herüber und macht sofort Anstalten, das kleine Boot loszubinden. Nun rudert er mit ausholenden, geübten Zügen zu uns herüber. Nur in der Mitte muss er einmal stromaufwärts gegenlenken und für einen Moment scheint es, als würde er samt Boot abgetrieben. Doch kurze Zeit danach legt das Boot sicher vor uns an und der Fährmann, der sich uns mit dem Namen John vorstellt, streckt uns allen einzeln die Hand entgegen.

»Ihr übernachtet heute alle bei uns, richtig?« Wir nicken. »Ich glaube, ich kann euch alle drei gleichzeitig rüberbringen. Ihr müsst nur die Schwimmwesten anlegen und eure Rucksäcke vorne im Bug verstauen.«

Wir folgen seinen Anweisungen und so sitzen wir wenige Augenblicke später eine hinter der anderen in dem kleinen Kahn und werden vom Wasser und dem hohlen Bootsinneren sicher getragen. Es schaukelt ganz schön, als wir in der Mitte ankommen. Wieder beeinflusst die starke Strömung den Kurs, den John eingeschlagen hatte. Ich kann spüren, wie das Heck ausschlägt und irgendwann stehen wir fast parallel zur Flussrichtung. Unseren Fährmann scheint das weniger zu beeindrucken. Er rudert unbeirrt weiter und erzählt uns derweil, dass der Fährdienst bereits seit dem 16. Jahrhundert existiert. Seine Familie hat den Hof und folglich auch die Überfahrten von der einen zur anderen Flussseite im Jahr 1659 übernommen. Betrübt fügt er hinzu: »Ich werde wohl der letzte meiner Familie sein, der diesen Job übernimmt. Meine Söhne zeigen bedauerlicherweise kein Interesse an der Farm oder dem Pilgern.«

Als wir auf der anderen Seite aussteigen, bin ich erleichtert, wieder festen Boden unter den Füßen zu haben. Wasser war nie wirklich mein Element. Die Schwimmweste schnalle ich zügig ab und lege sie zurück in den Kahn. John vertäut unser Wassertaxi am Steg und hievt die Rucksäcke einzeln zu uns herüber, ehe er selbst aussteigt.

»Na dann, führe ich euch mal herum«, sagt er.

Wir schultern unser Gepäck erneut und folgen ihm. Der Hof liegt erhöht auf einem grünen Hügel. Während er von der einen Seite vom Fluss begrenzt wird, schmiegt er sich an der anderen an den Wald. Das Bild erinnert mich an ein Adlernest, das sicher und scheinbar unerreichbar einen guten Überblick bietet. John gibt uns gerade einen Überblick über die Versorgung und die Kosten für Übernachtung und Frühstück, als seine Frau ihn vom Haupthaus zu sich ruft. Er entschuldigt sich und deutet auf ein Gebäude wenige Meter von uns entfernt. »Dort am Waldrand ist eure Unterkunft. Sucht euch einfach ein Bett aus. Die Tür ist offen.« Dann dreht er sich um und eilt seiner Frau entgegen.

Die Unterbringung für Pilger befindet sich in einer der typischen rot getäfelten Holzhütten. Wir klettern die wenigen Stufen zur Eingangstür hinauf, die tatsächlich unverschlossen ist. Wer soll hier auch einbrechen, frage ich mich. Zu dritt durchstreifen wir die hölzernen Räume, die mit karierten Sitzbezügen und bestickten Gardinen aufwarten. Ich suche mir eines der Betten im oberen Stockwerk aus, die allesamt über Vorhänge verfügen, um etwas Privatsphäre in den großen Mehrbettzimmern zu bieten, und lasse mein Gepäck auf die weiche Matratze fallen. Hier werde ich heute Nacht sehr gut schlafen, da bin ich sicher. Nachdem ich eine Dusche im unteren Stockwerk genommen habe und in frische Klamotten geschlüpft bin, setze ich mich mit meinem Notizbuch in die Wohnküche. Dort notiere ich die Eckdaten der heutigen Etappe und halte meine Gedanken zum bisherigen Tagesverlauf fest.

Plötzlich rumort es draußen vor dem Haus. Es wird gepoltert und gedrängt, Rucksäcke werden von Rücken gewuchtet und Schuhe abgeworfen. Dann springt die Eingangstür auf und nacheinander stecken vier Gestalten unterschiedlicher Größe ihre Köpfe ins Haus. Ich blicke vom Esstisch auf und lächle den Neuankömmlingen höflich zu. Sie treten hintereinander ein und begrüßen mich gutgelaunt. Alle Vier tragen bunte Outdoorkleidung und Rucksäcke derselben Marke. Aber nicht nur dadurch ähneln sie sich in ihrem äußeren Erscheinungsbild. Die zwei Jüngeren schätze ich auf vierzehn und fünfzehn Jahre, die zwei Älteren auf Vierzig plus.

Die Gruppe stellt sich als Familie vor und ich lasse mir erzählen, woher sie kommen (Flensburg) und wie lange sie bereits unterwegs sind (vier Wochen). Ich merke, wie mich die Unterhaltung etwas anstrengt und überlege, wie ich jetzt am schnellsten da herauskomme. Ich wollte doch einfach ein wenig Zeit für mich und meine Gedanken. Vermutlich ist es ein Fehler, denke ich, mich hier in die Küche zu setzen. Das lädt förmlich dazu ein, sich mit mir zu unterhalten. Ich beantworte höflich dieselben Fragen, die an mich gestellt werden und entschuldige mich dann mit der Erklärung, müde zu sein.

Oben lege ich mich aufs Bett und ziehe die Vorhänge zu. Gesellschaft und Alleinsein in einer gesunden Balance zu halten, ist anstrengend und gar nicht leicht. Ich frage mich, wie sich ein guter Ausgleich finden lässt und ob es hilfreich ist, die eigenen Bedürfnisse offen mit seinem Gegenüber zu kommunizieren. Mit Familie und Freunden sollte das eine Selbstverständlichkeit sein, aber mit Fremden fällt es mir schwer. Ich habe Angst gemieden und ausgegrenzt zu werden. Letztlich ist es die Furcht vor der ungewollten Einsamkeit.

Am Abend tausche ich mich mit Christina über das Thema Einsamkeit und Gesellschaft auf Wanderungen aus.

»Grundsätzlich schätze ich beides«, sagt sie, »beim Wandern ist es mir oft wichtig, in meinem eigenen Tempo gehen zu können, gerade auf längeren Strecken. Ich merke aber auch, dass es mir unheimlich viel Sicherheit gibt, mit jemand anderem unterwegs zu sein. Wenn du einen richtig miesen Tag hast, es regnet nonstop oder du hast Schwierigkeiten mit der Orientierung, kann solch eine Begegnung echt die Laune heben. Dann ist alles nur noch halb so schlimm. Geteiltes Leid ist halbes Leid, heißt es doch, oder? Und außerdem schweißen solche Erlebnisse unglaublich zusammen.«

Ich erinnere mich daran, wie mir die Gesellschaft von Frank überhaupt nichts ausgemacht hat, im Gegenteil, es war fast schon selbstverständlich gemeinsam zu gehen. Er fehlt mir hier sogar ein bisschen. Und Christina hätte ich gerne früher kennengelernt. Auch wenn sie den Tag lieber allein wandert, die Abende hätten wir durchgequatscht und über das Leben philosophiert, da bin ich mir sicher.

Es ist wie im wahren Leben, ich bekomme nicht immer, wonach ich mich sehne und will womöglich immer genau das, was ich gerade nicht habe. Vielleicht ist es aber heilsam zu lernen, mit den unterschiedlichen Gegebenheiten auf dem Trail auszukommen. Endlich am Ende meiner Wanderung scheine ich etwas zu begreifen: Die Pilgerreise und damit auch das Leben so zu nehmen, wie es gerade kommt.

»Kindchen, du kannst die Vergangenheit nicht verändern;
aber ich wage zu sagen, dass du vielleicht etwas aus ihr
lernst.«

Lewis Carroll, Alice im Wunderland

Tag 26 – Der Geist jenes Sommers

▶21,3 km ▲507 m ▼512 m ♥Trondheim

Es ist ein unlösbarer Widerspruch, dass ich am Abend das
Laufen vermisse, das ich während des Tages so energisch zu
beenden anstrebe. Mit der Reise als solcher verhält es sich
ähnlich. Ich sehne das Ende herbei, gleichwohl macht mich der
Gedanke daran wehmütig. Und so finde ich mich nach fast 643
Kilometern und 26 Tagen auf einer Anhöhe wieder und blicke
auf mein Ziel hinunter. Trondheim mit rund 200.000
Einwohnern breitet sich unter mir aus. Die drittgrößte Stadt des
Landes markiert das nördliche Ende Mittelnorwegens. Ich bin
von Oslo hierhergelaufen. Es erscheint mir unwirklich.

Und gerade als ich diesen Gedanken zu Ende denke, tritt aus
dem Wald vor mir ein Reh auf den Pfad. Leise und anmutig

dreht es seinen hübschen kleinen Kopf mit den großen tiefdunklen Augen zu mir herum und verharrt in der Bewegung. Und ich stehe einfach bloß da. Starre. Ob Minuten oder nur Millisekunden vergehen, vermag ich später nicht mehr zu sagen. Es ist zu gleichen Teilen merkwürdig wie magisch. Und dann begreife ich: Der Wald verabschiedet sich von mir. Es ist ein stiller Abschied, doch nicht minder gewaltig. Zart und kraftvoll zugleich, genau wie dieses wunderschöne Geschöpf dort vor mir. Und ich nicke stumm und möchte meinem Gegenüber danken, irgendwie verständlich machen, dass ich seine Existenz zur Kenntnis genommen habe, respektiere. Die Natur hat mich demütig gemacht. Doch wie zu erwarten, gibt es keinen Dialog. Und der Augenblick ist vorbei, so unerwartet, wie er gekommen ist. Das Reh trottet zurück in den Wald, vermutlich um sich wieder seinem Tagewerk zuzuwenden, und schenkt mir keinerlei weitere Beachtung. Ich bleibe zurück mit dem Gefühl, für den Bruchteil einer Sekunde in Gottes Antlitz geblickt zu haben. Noch etwas benommen von dieser überirdischen Begegnung setze auch ich mich langsam wieder in Bewegung und als ich die Stelle überschreite, an der eben noch das Reh gestanden hat, meine ich eine unsichtbare Grenze überschritten zu haben. Die Wildnis liegt hinter mir, die Zivilisation vor mir.

Wie auf Kommando läuft mir eine Joggerin entgegen. Dann wird der Pfad zu einem Weg und schließlich zu einer Straße. Ich bin in einem Vorort von Trondheim angekommen und die traditionellen holzverkleideten, mit Giebeln versetzten Häuser wachsen vor mir aus dem Boden. Je weiter ich die Anhöhe Richtung Stadtzentrum hinabsteige, desto kleiner werden die Abstände zwischen den Häusern und desto mehr Menschen begegnen mir. Wo eben noch in aller Seelenruhe die Hecke gestutzt wurde, eilen jetzt Spaziergänger und Fahrradfahrer in verschiedene Richtungen, als jagten sie etwas hinterher oder seien schlicht spät dran. Autos rasen an mir vorbei und während die Geschwindigkeit um mich herum zunimmt, werde ich mit jedem Schritt langsamer. Ich will das alles nicht. Ich will zurück in den stillen Wald. Widerwillig schiebe ich mich weiter in Richtung Stadtkern, als würde ich an unsichtbaren Schnüren gezogen. Der einzige Weg ist vorwärts. Plötzlich überschreite ich eine weitere, deutlich sichtbare Grenze. Die offizielle Stadtgrenze ist erreicht. Mit ihr nimmt die Anzahl der Menschen noch weiter zu. Es werden immer mehr. Und sie scheinen zu pilgern. Aber auf eine andere Art als ich. Ohne Rucksack und in Gruppen. Und dann befinde ich mich mitten in einem laufenden Straßenfest. Verschiedene Banner und Tafeln preisen das eine oder andere kulinarische Highlight an. Bierzeltgarnituren reihen sich aneinander. Menschen essen, trinken, plaudern, lachen. Musik aus verschiedenen Lautsprechern und Ländern gelangt an mein Ohr. Es ist zu viel, zu laut, zu voll. Ich will hier weg.

Zurück in den stillen Wald. Immer noch. Stattdessen stolpere ich durch die engen Gassen zwischen Verkaufstischen und Zelten, die für die vielen Menschen geschaffen wurden und quetsche mich durch Trauben von Touristen und Einheimischen. Endlich erreiche ich einen Park und dann sehe ich mein Ziel das erste Mal live vor mir. Ich bleibe stehen.

Grau blitzen die Türme des Nidarosdoms durch das grüne Blätterdach über mir. Ich blinzele hindurch und gehe langsam weiter auf die Kathedrale zu, ohne meinen Blick abzuwenden. Sie ist sehr groß, mächtig geradezu, komplett ergraut, aber dadurch nicht minder schön. Langsam gehe ich weiter darauf zu. Der gotische Bau aus dem 13. Jahrhundert misst etwa 120 Meter in seiner Länge, fünfzig Meter in der Breite und zwanzig Meter in der Höhe. Über dem Mittelbau erheben sich drei Türme, zwei zwillingsartig über dem Westchor und einer mittig über der Vierung. Ich verstehe den Vergleich mit Westmister Abbey sofort, von dem ich so oft gelesen habe. Die Londoner Kirche soll hier nämlich als Vorbild gedient haben. Ehrfürchtig stehe ich vor der riesigen Westfassade und mein Blick bleibt an der überdimensionalen Fensterrose hängen. Über ihr wird das Jüngste Gericht dargestellt. Darunter befinden sich auf drei Ebenen über fünfzig Figuren, die die Fassade schmücken. Wie steinerne Wächter scheinen die Propheten, Könige, Apostel und Engel jeden Neuankömmling zu beäugen. Gebieterisch ruhen sie für ewig auf ihren Sockeln. Ich frage mich, wie viele Besucherinnen und Besucher sie wohl bereits stumm begrüßt haben.

Ich laufe an der Westfront vorbei. An einem der zwei riesigen Türme bleibe ich stehen. Ich erblicke die bekannte Figur des Maurers, der einen Ziegelstein in der Hand hält. Einer Prophezeiung zufolge soll die Kathedrale nach ihrer Fertigstellung einstürzen und mit ihrem Einsturz die Menschheit in die Tiefe reißen. Um einen solch brutalen Abschluss des langen und mühsamen Prozesses der Restaurierung und des Wiederaufbaus abzuwenden, hält der versteinerte Maurer den Schlussstein in der Hand, verhindert so für immer die Fertigstellung der Kathedrale und damit – der Legende nach – den Weltuntergang.

Die Tradition will es, bei Ankunft am Dom von *Nidaros* vor dem Betreten drei Mal um ihn herumzugehen. Also mache ich genau das. Es verschafft mir Zeit, denn ich beginne zu begreifen, nicht nur meine Wanderung findet heute und hier ihren Abschluss, sondern auch meine neu gewonnene Identität. Daher will ich jeden Moment auskosten, den ich noch als Pilgerin habe. Als ich das dritte Mal die Kathedrale umrunde, erspähe ich schließlich, was ich seit meiner Ankunft auf dem Platz suche, den letzten Meilenstein. Unter dem obligatorischen Olavskreuz prangt eine große, finale Null. Langsam schreite ich darauf zu. Und als ich die Null erreiche, bin ich sehr stolz und gleichzeitig sehr traurig. Meine Wanderung ist nun endgültig vorbei. Auf dem Foto, das ich eine Passantin bitte von mir zu machen, lächle ich trotzdem. Mein Rucksack lehnt an der einen Seite des Steins, ich an der anderen. Wie zwei Gefährten sitzen wir so, Rücken an Rücken, im Hintergrund der mächtige Dom.

Nach einer Ewigkeit raffe ich mich auf, schultere meinen Rucksack erneut und mache mich auf in Richtung Pilgerherberge. Ich habe beschlossen, mir das Innere der Kathedrale zu einem anderen Zeitpunkt anzuschauen. Die Unterkunft liegt nur einen Steinwurf vom Nidarosdom entfernt und ich erreiche sie nach wenigen Minuten. Der Betrieb in den Herbergen scheint nie gänzlich zum Erliegen zu kommen und doch ist es eine friedvolle Betriebsamkeit, die verhindert, dass ich mir je so vorkomme, als würde ich stören. Wie üblich werden mir beim Check-in in aller Ruhe die Frühstückszeiten, das WLAN-Passwort und alle weiteren notwendigen Informationen mitgeteilt. Das Mehrbettzimmer, das mir zugewiesen wird, liegt am Ende eines langen Ganges. Als ich die Tür öffne, bleibe ich kurz wie angewurzelt auf der Schwelle stehen. Oben auf einem der Doppelstockbetten an der Wand gegenüber der Eingangstür sitzt Brian im Schneidersitz und grinst mich an.

»Was machst du denn hier?«, entfährt es mir und dann muss auch ich grinsen.

»Ich dachte, ich warte hier auf dich«, gibt dieser zurück.

»Das ist ja toll. Seit wann bist du denn hier?« Ich gehe auf ihn zu und lasse meinen Rucksack mit einer schwungvollen Bewegung auf ein Bett seinem gegenüber fallen.

»Angekommen bin ich gestern Nachmittag und da ich etwas schneller hier war als geplant, dachte ich, bleibe ich noch ein bisschen.« Er wickelt einen Kaugummi aus seiner Verpackung. »Wie waren die letzten Tage und vor allem wie war die Ankunft? Du warst bereits am Dom, oder?!« Er steckt sich den Kaugummi in den Mund und blickt mich gespannt an. Ich habe mich mittlerweile neben meinen Rucksack gesetzt.

»Da komme ich gerade her. Puh! Es waren jede Menge Leute da. Ich hätte damit rechnen müssen an einem Samstag, aber das war mir doch ein bisschen zu viel.«

»Ja, dieses Streetfood-Festival ist echt eine Attraktion hier.«

»Okay, ich dachte die Stadt wäre immer so belebt. Aber der Dom ist atemberaubend! Ich hätte nicht gedacht, dass es mich so umhauen wird. Wie ist es dir denn ergangen?«

»Die Kathedrale ist wirklich beeindruckend. Aber ich warte immer noch auf irgendeine emotionale Reaktion. Ich habe gar nichts gespürt bei meiner Ankunft. Keine Freude, keine Tränen. Gar nichts.« Er zuckt mit den Schultern. Ich lege den Kopf etwas schief und mustere ihn eingehender. So richtig überrascht mich seine Reaktion nicht.

»Es ist bestimmt bei jedem anders. Und vielleicht kommt es bei dir einfach ein bisschen später. Ich muss sagen, es will noch gar nicht recht in meinen Kopf, dass es jetzt vorbei ist. Wir sind keine Pilger mehr.« Bei den letzten Worten fällt mein Blick auf meinen Rucksack, der sehr bald nicht mehr mein wichtigster und vor allem ständige Begleiter sein wird.

»Na ja, nicht so schnell«, lenkt Brian ein, »du hast dir noch nicht deinen letzten Stempel und die Urkunde abgeholt, oder? Willst du an der Messe teilnehmen?« Darüber hatte ich auch nachgedacht und mich dafür entschieden.

»Ja, möchte ich. Aber vorher muss ich duschen und eine andere Pilgerin, die ich vor ein paar Tagen kennengelernt habe, müsste demnächst ankommen. Ich habe versprochen, sie am Dom zu treffen.«

»Na dann mal los«, sagt Brian und klatscht bei den Worten in die Hände.

Nach einer Dusche und in mehr oder weniger frischen Klamotten, machen wir uns auf den Weg zurück in Richtung Stadtzentrum. Ich beschließe am Schlussstein auf Christina zu warten, während Brian sich zum Fotografieren des Doms verabschiedet. Ich muss nicht lange warten. Christina erreicht den Nidarosdom und damit das Ende ihrer Pilgerreise nur knapp zwei Stunden nach mir. Sie strahlt und ich mache einen Haufen Bilder von ihr vor dem Schlussstein.

»Ist es nicht ulkig, dass wir beide uns vor ein paar Tagen noch gar nicht kannten und heute hier gemeinsam ankommen?« frage ich sie und wir umarmen uns lange. Und dann lachen und weinen wir ein bisschen gleichzeitig. Brian kommt dazu und ich stelle die beiden einander vor. »Birgit hat vorgeschlagen heute Abend gemeinsam essen zu gehen. Seid ihr dabei?«, fragt Christina hoffnungsvoll. Ich überlege, eigentlich wollte ich heute Abend in die Kirche und anschließend die Urkunde abholen.

»Die richtige Messe ist ohnehin erst morgen früh«, gibt Brian zu bedenken. »Und die Urkunde kannst du auch danach abholen.«

»Und wir haben noch etwas, worauf wir uns freuen können«, sagt Christina. Ich lenke ein, auch weil ich finde, dass ein gemeinsamer Abschied im Restaurant viel schöner ist, als allein in der Pilgerherberge zu sitzen. Brian und ich schlendern noch ein wenig auf dem Platz vor dem Dom herum, damit auch Christina ihre drei Runden drehen kann, bevor wir zu dritt zurück in die Pilgerherberge gehen.

Keine zwei Stunden später sitze ich mit dreizehn anderen Mitpilgern, darunter Brian, Birgit und Christina, in einem Meeresfrüchte-Restaurant. Eigentlich hasse ich Meeresfrüchte, aber das ist mir in diesem Moment ziemlich egal. Ich kenne jedes einzelne Gesicht in diesem Raum und das macht mich sehr glücklich. Es wird angestoßen, geredet, gelacht. Die Stimmung könnte besser nicht sein. Ich erfahre gerade von meinem italienischen Sitznachbarn Andrea, dass er morgen nicht wie fast alle anderen nach Hause, sondern nach Nepal fliegen wird. Er will das Annapurnagebirge im Himalaya umrunden.

»Du bist vollkommen verrückt«, findet Birgit, »für kein Geld der Welt würde ich jetzt noch irgendwo hinlaufen.« Ich verrate ihr nicht, dass ich Andrea beneide, stattdessen interessiert mich, wie er auf diese Wanderung gestoßen ist und er erzählt mir von einem Buch, das ihn inspiriert hat.

»Es ist nicht zufällig ein Bildband mit dem Titel *Wanderlust*, oder?«, hake ich skeptisch nach.

»Doch«, antwortet er, »ein großes Buch mit über dreißig legendären Trails. Der Olavsweg ist auch dabei.«

»Das gibt's doch nicht«, stelle ich fest, »genau dieses Buch hat mich inspiriert hierher zu kommen!« Und wir lachen beide über diese unerwartete Gemeinsamkeit. Andrea schildert in gebrochenem Englisch von seiner Etappenplanung und erwähnt Ausrüstungsgegenstände, die er morgen noch ersetzen muss. Er möchte *ultralight* unterwegs sein und seine Trekkingstöcke, Kleidung und Schuhe austauschen. Wie Brian ist er auf Trailrunnern unterwegs, die nun am Ende angekommen, vollkommen zerschlissen sind. Brian und Andrea fachsimpeln über die verschiedenen Marken und ich wende mich Christina zu, die sich mit der Familie unterhält, die wir gestern auf *Sundet Gård* kennengelernt haben. Die beiden Kinder vertreiben sich die Zeit damit, Städtenamen zu erraten, die der andere mit Apfelschorle gurgelnd auszusprechen versucht. Gerade meine ich die Stadt Lillehammer zu erkennen. Ich muss lachen.

»Also mein Highlight war definitiv das Fjell«, höre ich Christina sagen, »die Weite, die Stille, diese Einsamkeit und Wildnis. Das hat mich sehr beeindruckt. Und deins?« Sie schaut Paula fragend an, die zu überlegen scheint.

»Ich glaube das Gudbrandstal hat mich am meisten begeistert. Diese Aussichten jeden Tag von oben ins Tal runter und dieser türkisfarbene Fluss dazu. Das war toll. Wie ist es mit dir, Sara? Was war dein Highlight auf dem Weg?« Ich überlege. Nicht, dass die Frage nicht vorher schon einmal gekommen wäre. Ich hatte nur immer eine andere Antwort gegeben, weil ich mich gar nicht für einen Ort entscheiden wollte. Es bedeutete ja unweigerlich eine Entscheidung gegen einen anderen.

»Das mag jetzt vielleicht ein bisschen kitschig klingen«, sage ich nach einer Weile, »aber für mich sind es die Menschen gewesen. Die Menschen waren mein Highlight. Und ich meine alle, die Norweger, die Herbergsleute und euch, meine Mitpilger. Natürlich war die Natur unglaublich und ich könnte jetzt sagen, dass Hamar meine neue Lieblingsstadt ist, aber Fakt ist, dass ich euch und all die Begegnungen, die ich hatte, niemals vergessen werde. Die verschiedenen Gespräche, die ich geführt habe und die Freundschaften, die ich geschlossen habe. Das wird für immer bleiben.«

»Wir müssen unbedingt ein Foto machen!«, ruft jemand plötzlich. Und eilig, rutschen wir alle zusammen und lächeln in die Kamera. Wenn ich das Bild heute anschaue, dann wünschte ich manchmal, man könnte Gefühle konservieren wie Fotos. Augenblicke nicht nur bildlich einfangen, sondern noch einmal erleben mit alle, was dazu gehört. Es gibt wenige Momente, in denen ich so zufrieden war, wie in jenem.

*

Am nächsten Morgen macht sich unsere kleine Gruppe auf den Weg zum Nidarosdom. Mit unseren Pilgerpässen erhalten wir freien Eintritt und können vor Beginn der Messe in Ruhe die Kathedrale besichtigen. Als erstes fällt mir auf, wie hell es im Inneren ist. Das weiß gestrichene Deckengewölbe, das an einen wolkigen Himmel erinnert, und die unzähligen Fenster lassen das Innere der Kathedrale förmlich leuchten. Es ist ein willkommener Gegensatz zur grauen Fassade außen. Die bunten Fenster erzählen außer Bibelgeschichten auch die Sage von

König Olav. Olav mit einer Axt, seinem üblichen Attribut, Olav auf einem Segelschiff, Olav verwandelt Trolle in Stein, Olav, wie er getötet wird. Das Highlight ist aber die gigantische Orgel mit der bunten Fensterrose darüber. Das Sonnenlicht, das hindurchscheint, lässt sie geheimnisvoll funkeln. Das Oktogon, der älteste Teil der Kirche, wurde über dem Grab des heiligen Königs errichtet, folglich auch über der Quelle, die nach seinem Begräbnis hier entsprungen sein soll. Über Jahrhunderte schöpften Menschen Wasser aus ihr, um es zu Hause den Kranken und Alten zu verabreichen. Damit kein Tropfen verloren ging, wurde versehentlich verschüttetes Wasser durch Löcher in den Bodenplatten zurück zur Quelle geleitet. Heute befindet sich davor ein Gitter, die Quelle ist lange versiegt.

Als ich jetzt durch den Säulengang schreite, kann ich unzählige Ornamente und Figuren bewundern, die Ergebnisse aus über 200 Jahren Bauzeit. Ich lasse meine Fingerspitzen über den Speckstein gleiten, der von den vielen Händen, die ihn bereits berührt haben, schwarz angelaufen ist. In einer kleinen Nische befindet sich ein etwa hüfthoher Altar. Die Front zeigt abermals das Konterfei des ewigen Königs. Darauf liegen mehrere größere und kleinere Steine. Ich erfahre von Brian, dass diese von Pilgern abgelegt wurden. Die Steine symbolisieren seelischen Ballast, von dem man sich hier am Ende der Pilgerschaft entledigen kann. Er selbst hat gestern auch einen abgelegt. Von welchem seelischen Ballast er sich befreit hat, behält er für sich, als ich ihn danach frage.

Nach und nach füllt sich die Kirche und wir suchen uns jeweils einen Platz auf einem der vielen Holzstühle in der Mitte der Kathedrale. Die Messe ist an diesem Sonntag gut besucht. Die ersten Töne der gewaltigen Orgel lassen mich zusammenfahren. Ich hatte trotz der imposanten Größe nicht mit dieser Lautstärke gerechnet. Die Melodie ist mir fremd, der Text ebenso, er ist nämlich wie der Rest der Zeremonie auf Norwegisch. Das macht mir aber wenig aus, denn ich bin nicht hier wegen der feierlichen Worte oder um Gott näher zu kommen. Ich nehme Abschied. Der Ort scheint mir passend dafür und es beruhigt mich, Brian und Christina bei mir zu haben. Mein Blick wandert über die vielen fremden Gesichter. Anhand ihrer Kleidung meine ich unter ihnen einige Pilger zu erkennen. Ich komme nicht umhin mich zu fragen, wer sie sind und was sie bewegt. Welche Geschichten würden sie erzählen? Die Neugier und die Offenheit mit denen mir auf meinem Weg begegnet wurde, haben auch mich neugieriger und offener gemacht. Obwohl ich keine Ahnung habe, wovon der Pastor gerade predigt, will ich, dass er auf der Stelle aufhört und stattdessen die Menschen reden lässt. Ich will von ihren Geschichten, ihren Sorgen, ihren Träumen erfahren. Ich will lernen, mich wundern und verstehen. Als ich Christina später von meinen Gedanken erzähle, meint sie: »Du bist ja eine richtige Philanthropin geworden!«

Irgendwann ist die Messe vorbei und ich finde mich auf dem Domvorplatz wieder. Jetzt gibt es nur noch eine Sache zu erledigen, dann bin ich endgültig keine Pilgerin mehr. Das Pilgerzentrum ist abermals nur einen Steinwurf vom Dom entfernt. Und so machen wir uns auf den kurzen Weg dorthin und reihen uns in die Schlange, die sich vor einer Treppe gebildet hat. Der Raum, in den ich spähen kann, ist sehr hell und vor einem großen, mahagonifarbenen Schreibtisch sitzt eine ältere Dame mit langen Haaren, die sie zu einem tiefen Pferdeschwanz gebunden hat. Über die Wände des gesamten Raumes breitet sich eine Weltkarte aus. Jedes Land ist in einem anderen Braunton gefärbt, Deutschland ist ein Gemisch aus einem cremigen Beige und einem Graubraun. Als ich an der Reihe bin, zeige ich meinen Pilgerpass vor. Er ist von der langen Zeit ziemlich mitgenommen und droht an der einen oder anderen Falzung zu zerreißen. Dementsprechend behutsam wird er von der netten, älteren Dame in die Hände und genauer unter die Lupe genommen.

»Oh du bist den gesamten Weg gegangen«, sagt sie auf Englisch, »sehr schön. Und den *Skibladner* hast du auch genommen. Wunderbar. Hattest du eine gute Reise?« Sie blickt mich an. Ich muss überlegen. Es fällt mir schwer, die letzten vier

Wochen unter einem Adjektiv zusammenzufassen. Schwierig? Allerdings. Lang? Ziemlich. Emotional? Kann man so sagen. Gut? Mehr als das.

»Ja«, höre ich mich schließlich sagen und weiß nicht recht, ob es wahr ist. Es war viel mehr als das. Aber so richtig fassen kann ich das noch nicht. Wissend nickt sie und setzt mit einem kräftigen Hieb ins Stempelkissen den schwarzen Umriss des Nidarosdoms in eines der unteren Felder der vorletzten Seite meines Pilgerpasses. Nachdem sie sich meinen Ausweis hat geben lassen, greift sie zu einem Papierstapel und nimmt das oberste Blatt weg. Sorgfältig setzt sie jeden Buchstaben meines Namens in die dafür vorgesehene Zeile des Blattes. Ich betrachte die Blumen und Ornamente, die sich ineinander winden und so den Text und den serifenbesetzten Titel *Olavsbref* umrahmen. Wenige Augenblicke später halte ich ein auf Norwegisch verfasstes Dokument in der Hand, das in wunderschönen Lettern meine Pilgerreise beglaubigt. Ich bin nun wirklich am Ende meiner Reise angekommen. Als ich wieder in die Sonne hinaustrete, wird mir das Durcheinander meiner Gefühle bewusst. Zwischen Traurigkeit und Sehnsucht mischt sich ein Gefühl von Erleichterung. Christina umarmt mich und Brian lässt sich meine Pilgerurkunde zeigen.

»Die sieht doch genau so aus wie deine«, sage ich lachend. Ich ahne, dass es uns allen schwerfällt, zu realisieren, dass wir am Ende einer außergewöhnlichen Erfahrung stehen.

Am Nachmittag macht sich allgemeine Aufbruchstimmung breit. Brian wird noch an diesem Abend abreisen und ich verbringe den Nachmittag damit zu packen, als mir etwas einfällt, das ich beinahe vergessen hätte.

»Brian, wo finde ich denn einen Souvenirladen mit Andenken vom Olavsweg?«, frage ich ihn, als er seinen Rucksack bereits geschultert hat und sich nacheinander von allen verabschiedet.

»Der liegt auf dem Weg zur Bushaltestelle. Wenn du mich ein Stück begleitest, führe ich dich hin«, schlägt er vor und ich nicke. Wir machen eine Runde durch die Innenstadt und vor einem Souvenirgeschäft halten wir an.

»Wie abgemacht, ja? Ich komme dich nächsten Sommer besuchen!«, erinnert er mich, als wir uns zum Abschied umarmen.

»Du bist jederzeit willkommen«, versichere ich. Und dann eilt er in schnellen Schritten davon. Unaufgeregt und leicht, wie ich ihn kennengelernt habe. Im Geschäft steuere ich zielgerichtet auf die Souvenirs vom Olavsweg zu. Ich muss nicht lange überlegen und kaufe einen Aufnäher für meinen

Rucksack. Einmal dort befestigt, wird er noch viele Male dafür sorgen, dass ich mit ehemaligen Pilgern ins Gespräch komme.

»Weckst du mich, wenn du morgen früh aufbrichst?«, fragt Christina mich, als ich zurückkomme.

»Mir wäre es lieber, wir würden uns heute Abend verabschieden, ich will euch nicht aufwecken. Mein Flieger geht doch schon um Sieben«, antworte ich.

»Hm, okay«, willigt sie ein. Sie liegt auf ihrem Bett, vor ihr liegt ein aufgeschlagenes Notizbuch.

»Worauf freust du dich, wenn du zurück bist?«

»Du meinst, bevor ich in ein paar Tagen wieder arbeiten muss?«, sie legt ihren Kopf schief. Ich nicke. »Ich würde sagen aufs Lesen. Und auf mein Bett.« Und dann zählen wir Dinge auf, die wir hier vermisst haben.

»Eine Badewanne«, sagt Christina.

»Schwimmen gehen«, fällt mir ein, »und einen guten Film sehen.«

»Meine Familie«, ergänzt Christina.

»Oh ja, meine Familie und meine Freunde«, stimme ich zu.

»Es gibt immer etwas, wofür es sich anzukommen lohnt«, schließt sie unsere Liste und ich denke sie hat recht.

>>Und die Moral davon ist: Scheine, was du bist, und sei, was du scheinst oder einfacher ausgedrückt: Sei niemals ununterschieden von dem, als was du jenem in dem, was du wärst oder hättest sein können, dadurch erscheinen könntest, dass du unterschieden von dem wärst, was jenen so erscheinen könnte, als seiest du anders!<<

Lewis Carroll, Alice im Wunderland

Epilog

Der Sommer dieses Jahres, der einstweilige Jahrhundertsommer, neigt sich dem Ende entgegen. Doch die Hitze ist auch im September noch nicht gewichen. Träge verschaukele ich den Tag in einer Hängematte im Garten meiner Eltern, lese ein paar Seiten in einem Buch, schreibe, trinke abwechselnd Kaffee und literweise eiskalte Limo. Aber vor allem esse ich. Eis, Nudeln, Nutella, Pommes. Nichts ist vor meinem unbändigen Appetit sicher. *The hiker-hunger is still real.* Zumindest mein Körper denkt, ich wandere noch. Aber auch meine Gedanken führen mich immer wieder zurück nach Norwegen: In die Hitze dieses Sommers, die Landschaften, die Anstrengung, aber vor allem zu den Menschen, die ich dort getroffen habe. Die Pilgerreise hat mich verändert. Nicht auf spirituelle Weise, es ist vielmehr so, dass ich einen neuen Teil meiner Persönlichkeit entwickelt habe. Ich bin auf dem Weg zu jemand anderem geworden, Pilgerin. Und Teil einer Gemeinschaft. Ich war gleichzeitig allein mit mir und meinen Sorgen und Gedanken und immer in Gesellschaft. Nun, am Ende angekommen, fällt diese Rolle langsam wie eine Hülle von mir ab und ich bin keine Pilgerin mehr. Ich bin irgendwie wieder ich selbst, aber eben auch jemand anderes. Ich erinnere mich an einen Satz, den ich im Gästebuch der Pilgerherberge in Trondheim gelesen habe: »Die Pilgerreise endet nie. Sie ist nur eine Metapher des Lebens, der Existenz. Wahre Erkenntnis erreicht derjenige, der versteht, dass das Ende gleichzeitig der Anfang ist.«

Ich habe sie gelesen, die Geschichten der Heimgekehrten. Und wie schwer es ihnen fiel, in ihr altes Leben zurückzufinden. Kann es sein, dass ein Monat mich dermaßen von meinem Leben entfremdet hat? Ich vermisse das Wandern. Vermisse es, eine Pilgerin zu sein. Vermisse die Gespräche mit den anderen Pilgern, die genau wissen, was ich durchmache, weil sie es selbst gerade durchmachen. Vermisse es, einem Wegweiser zu folgen, ohne zu fragen, wieso oder wohin der mich führt. Ich vermisse die Aufgabe, die sich mir jeden Tag aufs Neue stellt und keine Fragen offenlässt. Vermisse die Bewunderung für meine

Unternehmung. Ich vermisse meinen Rucksack. Eigentlich sollte ich froh über das fehlende Zusatzgewicht sein, aber ich vermisse es tatsächlich mein gesamtes Hab und Gut in einem Gepäckstück unterbringen zu können. Noch wochenlang werde ich den unausgepackten, grauen *Fjallraven*-Rucksack in meiner Wohnung stehen haben, weil er mich daran erinnert, was ich einen Monat lang geleistet habe.

Die Melancholie ist schwer auszuhalten. Zurück in der Stadt finde ich kaum in meinen Alltag zurück. Das Stadtleben erschreckt mich und ich ertappe mich bei Gedanken wie: Wieso quetschen wir Menschen uns zuhauf auf so kleinem Platz in Wohnungen dicht an dicht gedrängt wie Container auf einem Frachtschiff? Ich verschanze mich zu Hause. Schließe mich ein und die Stadt aus. Und ich lese. Und schreibe. Denke. Und plane meine nächste Wanderung. Vielleicht wird sie nicht so kernerschütternd wie diese es für mich war. Vielleicht wird sie nicht so anstrengend, wie diese (Spoiler: Oh doch, wird sie!). Vielleicht wird sie mich aber zurückführen zu einem Gefühl, einem Teil meiner Persönlichkeit, der sich mir nun entblößt hat. Ein Teil, der für immer zu mir geworden ist, auch wenn die Bezeichnung *Pilgerin* nur temporär ist.

Ich rufe Frank an. »Eigentlich ist es am besten, du denkst über Norwegen nicht nach«, rät er mir, »leb deinen Alltag.«

»Ich versuche es«, gebe ich zurück, »es ist schwer. Nichts erscheint mir sinnvoll oder macht mich glücklich.« Es bleibt kurz still am anderen Ende.

»Wir können nicht für immer laufen«, sagt Frank.

Als ich auflege, denke ich über den letzten Satz nach. Würde ich das wollen? Theoretisch meine ich. Zumindest wäre es konsequent, allerdings nicht sonderlich realistisch. Wie sollte das aussehen? Wo würde ich hinlaufen und wo verbrächte ich die Nächte? Ich recherchiere die längsten Pilger- und Fernwanderwege der Welt. Der *Sentiero d'Italia* erstreckt sich auf über 7000 Kilometer. Der *Jerusalemweg* ist sogar noch 500 Kilometer länger. Ich könnte laufen. Für Jahre. Aber ich kann nicht zurück nach gestern. Und ich will es auch nicht.

Und dann ganz langsam schäle ich mich aus meinem Kokon. Zunächst lade ich wieder Menschen in mein Zuhause ein, koche für Freunde, spiele mit meinen Nichten und Neffen. Zwinge mich zur Arbeit und tue so, als wüsste ich, wie dieses Leben funktioniert. *Fake it, till you make it!* Es gelingt mir zusehends besser. Dann gehe ich wieder hinaus in die Stadt. Ich versuche eine neue Sportart. Gehe ins Theater und in Bars mit Freunden und Fremden. Und plötzlich erwische ich mich dabei, wie ich so etwas wie Spaß habe.

Frank hat den Garten umgegraben. Er baut eine Sitzecke aus Europaletten. »Damit ich zukünftig weniger Arbeit im Garten habe. Mehr Zeit zum Wandern.« Wir fantasieren unsere nächsten Reiseziele. Frank will zurück nach Norwegen. »Ich muss einmal im Leben auf die Lofoten. Ich habe ja nicht mehr so viel Zeit wie du«, sagt er und lacht. Ich will nach Griechenland ins *Pindosgebirge*. Dort wartet die *Vikosschlucht*, die tiefste Schlucht der Welt, zumindest laut Guinnessbuch. Dabei denke ich an die zwei Holländer, die so sehr davon geschwärmt haben. Und danach geht es vielleicht nach England, auf den *South West Coast Path*. Wer weiß das jetzt schon genau? Denn anders als auf einem Pilgerpfad ist der Weg im Leben nicht klar markiert, das Ende offen. Und die Entscheidung, wie ich meine nachsten Ferien gestalte, liegt bei mir. Vielleicht quäle ich mich wieder mal ein bisschen. Laufe mir ein paar Blasen und fluche über Hitze, Autos und Asphalt. Eine schöne Vorstellung.

Ende

(dieser Geschichte)

Begleitende Bilder zur Reise unter folgendem Link:
www.saratormoehlen.de/meinereisedurchslandderriesen

Sara Dorothea Tormöhlen wurde 1984 in Hannover geboren. Seit mittlerweile über zwanzig Jahren in Berlin beheimatet, arbeitet sie als Lehrerin für Deutsch und Englisch an einer Schule in Pankow. Nach einer Reise durch Schottland im Jahr 2017 und einem schicksalhaften Buchgeschenk entwickelte sich eine Leidenschaft fürs Weitwandern, die bis heute anhält. Der Text »Meine Reise durchs Land der Riesen« entstand nach einer Pilgerreise durch Norwegen und ist das erste Buch der Autorin. Im April 2024 erschien im Rahmen des Field Trip Awards 2023 bereits ein Kapitel in der Anthologie »Von Neugierde, Mut und Reiselust« des Reisedepeschen Verlags.